LE MONDE

OU

L'ON S'ENNUIE

COMÉDIE EN TROIS ACTES

PAR

ÉDOUARD PAILLERON

DE L'ACADÉMIE FRANÇAISE

VINGT-SEPTIÈME ÉDITION

C · L

PARIS

CALMANN LEVY, ÉDITEUR

ANCIENNE MAISON MICHEL LÉVY FRÈRES

3, RUE AUBER, 3

—

1883

LE MONDE

OU L'ON S'ENNUIE

COMÉDIE

Représentée pour la première fois, à Paris, à la COMÉDIE-FRANÇAISE
le 25 avril 1881

CALMANN LÉVY, ÉDITEUR

DU MÊME AUTEUR :

L'AGE INGRAT, comédie en trois actes.

L'AUTRE MOTIF, comédie en un acte.

LE CHEVALIER TRUMEAU, comédie en un acte, en vers.

LE DÉPART, poésie dite sur la scène du Théâtre-Français.

LE DERNIER QUARTIER, comédie en deux actes, en vers.

L'ÉTINCELLE, comédie en un acte.

LES FAUX MÉNAGES, comédie en quatre actes, en vers.

HÉLÈNE, tragédie bourgeoise, en trois actes, en vers.

LE MONDE OU L'ON S'AMUSE, comédie en un acte.

LE MUR MITOYEN, comédie en deux actes, en vers.

LE PARASITE, comédie en un acte, en vers.

PENDANT LE BAL, comédie en un acte, en vers.

PETITE PLUIE..., comédie en un acte.

PRIÈRE POUR LA FRANCE, poème dit au Théâtre-Français.

LE SECOND MOUVEMENT, comédie en trois actes, en vers.

AMOURS ET HAINES, un volume.

LES PARASITES, un volume.

LE THÉATRE CHEZ MADAME, un volume.

2005-82 — Imprimerie D. BARDIN et Cie, à Saint-Germain.

Qu'on ait trouvé des personnalités dans cette comédie, je n'en suis pas surpris : on trouve toujours des personnalités dans les comédies de caractère, comme on se découvre toujours des maladies dans les livres de médecine.

La vérité est que je n'ai pas plus visé un individu qu'un salon ; j'ai pris dans les salons et chez les individus les traits dont j'ai fait mes types, mais où voulait-on que je les prisse?

Et ce sont si bien des types et si peu des portraits, qu'on a mis sur chacun d'eux jusqu'à cinq noms différents.

Entre mes prétendus modèles et leurs prétendues copies, d'ailleurs, il y a toute la distance qui sépare les gens honnêtes des intrigants, les délicats des précieux, ceux qui arrivent par leur talent, de ceux qui n'ont que le talent d'arriver.

Et maintenant, que mes personnages marchent comme monsieur X., ou se coiffent comme madame Y., qu'est-ce que cela prouve? Un ridicule est toujours à quelqu'un et à plus d'un. Là n'est pas la question : Est-ce monsieur X.? Non! Est-ce madame Y.? Non! Eh bien alors? Il n'y aurait plus d'études de mœurs contemporaines possibles avec cette tendance à feindre de voir partout des personnalités pour feindre ensuite de s'en indigner.

La comédie a ses droits, limités par le goût et ce respect de soi-même qui fait que l'on respecte les autres.

J'ai la conscience de ne pas avoir dépassé cette limite.

PERSONNAGES

BELLAC.	MM.	GOT.
ROGER DE CÉRAN.		DELAUNAY.
PAUL RAYMOND.		COQUELIN.
TOULONNIER.		GARRAUD.
LE GÉNÉRAL DE BRIAIS		MARTEL.
VIROT.		JOLIET.
FRANÇOIS		ROGER.
DE SAINT-RÉAULT		RICHARD.
GAIAC.		DAVRIGNY
MELCHIOR DE BOINES		PAUL RENLY
DES MILLETS.		LELOIR.
LA DUCHESSE DE RÉVILLE.	Mmes	M. BROHAN.
MADAME DE LOUDAN . . . . : . .		E. RIQUIER.
JEANNE RAYMOND		REICHEMBERG
LUCY WATSON.		E. BROISAT.
SUZANNE DE VILLIERS.		J. SAMARY.
LA COMTESSE DE CÉRAN		LLOYD.
MADAME ARRIÉGO.		MARTIN.
MADAME DE BOINES.		FAYOLLE.
MADAME DE SAINT-RÉAULT		AMEL.

―――――――――

Au château de madame de Céran, à Saint-Germain.

1881.

―――――――――

S'adresser, pour la mise en scène détaillée et la plantation des décors,
à M. LEAUTAUD, au Théâtre-Français.

LE
MONDE OU L'ON S'ENNUIE

ACTE PREMIER

Un salon carré avec porte au fond, ouvrant sur un autre grand salon. Portes aux premier et troisième plans. A gauche, entre les deux portes, un piano. Porte à droite au premier plan; du même côté, plus haut, une grande baie avec vestibule vitré donnant sur le jardin; à gauche, une table avec siège de chaque côté; à droite, petite table et canapé, fauteuils, chaises, etc.

SCÈNE PREMIÈRE

FRANÇOIS, seul, puis LUCY.

FRANÇOIS, cherchant au milieu des papiers qui encombrent la table.

Ça ne peut pas être là-dessus non plus; ni là dedans : *Revue Matérialiste... Revue des Cours... Journal des Savants...*

Entre Lucy.

LUCY.

Eh bien, François, avez-vous trouvé cette lettre?

FRANÇOIS.

Non, miss Lucy, pas encore.

LUCY.

Ouverte, sans enveloppe un papier rose?

FRANÇOIS.

Est-ce que le nom de miss Watson est dessus

LUCY.

Vous ai-je dit qu'elle était à moi?

FRANÇOIS.

Mais...

LUCY.

Enfin vous n'avez rien trouvé?

FRANÇOIS.

Pas encore, mais je chercherai, je demanderai...

LUCY.

Non, ne demandez pas, c'est inutile! Seulement, comme je tiens à l'avoir, cherchez toujours. De l'endroit où vous nous avez remis les lettres ce matin jusqu'à ce salon. Elle ne peut pas être tombée autre part... Cherchez!... Cherchez!

Elle sort.

SCÈNE II

FRANÇOIS, puis JEANNE et PAUL RAYMOND.

FRANÇOIS, seul, revenant à la table.

Cherchez! Cherchez !... *Revue Coloniale ! Revue Diplomatique ! Revue Archéologique...*

JEANNE, entrant et gaiement.

Ah! voilà quelqu'un! (A François.) Madame de Céran...

PAUL, lui prenant la main et bas.

Chut!... (A François, gravement.) Madame la comtesse de Céran est-elle en ce moment au château?

FRANÇOIS.

Oui, Monsieur!

JEANNE, gaiement.

Eh bien, allez lui dire que M. et madame Paul...

PAUL, même jeu, froidement.

Veuillez la prévenir que M. Raymond, sous-préfet d'Agenis, et madame Raymond, arrivent de Paris et l'attendent au salon.

JEANNE.

Et que...

PAUL, de même.

Chut! (A François.) Allez, mon ami...

FRANÇOIS.

Oui, monsieur le sous-préfet. (A part) C'est les nouveaux mariés... (Haut.) Monsieur le sous-préfet veut-il se débarrasser?...

Il prend les sacs et couvertures des arrivants et sort.

JEANNE.

Ah çà! mais, Paul...

PAUL

Pas de Paul, ici: M. Raymond.

JEANNE..

Comment? tu veux?...

PAUL.

Pas de *tu*, ici: *vous*, je t'ai dit.

JEANNE.

Elle rit.

Ah ! cette figure...

PAUL

Pas de rire ici, je vous en prie

JEANNE.

Eh bien, Monsieur, vous me grondez?

Elle se jette à son cou; il se dégage avec effroi.

PAUL.

Malheureuse ! il ne manquerait plus que cela !

JEANNE.

Ah ! tu m'ennuies ..

PAUL.

Précisément ! cette fois, tu tiens la note ! Ah çà ! tu as donc oublié tout ce que je t'ai dit en chemin de fer ?

JEANNE.

Je croyais que tu plaisantais, moi.

PAUL.

Plaisanter ! ici? Voyons, veux-tu être préfète, oui ou non ?

JEANNE.

Oui, si ça te fait plaisir.

PAUL.

Eh bien! observe-toi, je t'en prie, observe-toi. Je te dis
encore *toi* parce que nous sommes seuls, mais tout à
l'heure, devant le monde, ce sera: *vous*, tout le temps : *vous* !
La comtesse de Céran m'a fait l'honneur de m'inviter à lui
présenter ma jeune femme et à passer quelques jours à
son château de Saint-Germain. Or, le salon de madame de
Céran est un des trois ou quatre salons les plus influents
de Paris. Nous ne sommes pas ici pour nous amuser. Nous
y entrons sous-préfet, il faut en sortir préfet. Tout dépend
d'elle, de nous, de toi !

JEANNE.

De moi?.. Comment, de moi?

PAUL.

Certainement. Le monde juge de l'homme par la femme.
Et il a raison. Et c'est pourquoi sois sur tes gardes! De
la gravité sans hauteur, un sourire plein de pensées ; regarde bien, écoute beaucoup, parle peu! Oh! des compliments, par exemple, tant que tu voudras, et des citations
aussi, cela fait bien, mais courtes, alors, et profondes : en
philosophie, Hegel; en littérature, Jean-Paul; en politique...

JEANNE.

Mais je ne parle pas politique.

PAUL.

Ici, toutes les femmes parlent politique.

JEANNE.

Je n'y entends goutte.

PAUL.

Elles non plus, cela ne fait rien, va toujours! Cite Pufendorff et Machiavel, comme si c'étaient des parents à toi, et le Concile de Trente, comme si tu l'avais présidé. Quant à tes distractions : la musique de chambre, un tour de jardin et le whist, voilà tout ce que je te permets. Avec cela, des robes montantes et les quelques mots de latin que je t'ai soufflés, et je veux qu'avant huit jours on dise de toi : « Eh! eh! cette petite madame Raymond, ce serait une femme de Ministre. » Et dans ce monde-ci, vois-tu, quand on dit d'une femme, c'est une femme de Ministre, le mari est bien près de l'être.

JEANNE.

Comment, tu veux être Ministre?

PAUL.

Dame! pour ne pas me faire remarquer.

JEANNE.

Mais puisque madame de Céran est de l'opposition, quelle place peux-tu en attendre?

PAUL.

Candeur, va! En ce qui concerne les places, mon enfant, il n'y a entre les conservateurs et les opposants qu'une nuance : c'est que les conservateurs les demandent et que les opposants les acceptent. Non, non, va! c'est bien ici que se font, défont et surfont les réputations, les situations et les élections, où, sous couleur de littérature et beaux-arts, les malins font leur affaire : c'est ici la petite porte des ministères, l'antichambre des académies, le laboratoire du succès!

JEANNE.

Miséricorde! Qu'est-ce que ce monde-là?

PAUL.

Ce monde-là, mon enfant, c'est un hôtel de Rambouillet
en 1881 : un monde où l'on cause et où l'on pose, où le pédantisme tient lieu de science, la sentimentalité de sentiment et la préciosité de délicatesse; où l'on ne dit jamais
ce que l'on pense, et où l'on ne pense jamais ce que l'on
dit; où l'assiduité est une politique, l'amitié un calcul, et
la galanterie même un moyen; le monde où l'on avale sa
canne dans l'antichambre et sa langue dans le salon, le
monde sérieux, enfin!

JEANNE.

Mais c'est le monde où l'on s'ennuie, cela.

PAUL.

Précisément!

JEANNE.

Mais, si l'on s'y ennuie, quelle influence peut-il avoir?

PAUL.

Quelle influence!.. candeur! candeur! quelle influence,
l'ennui, chez nous? mais énorme!... mais considérable! Le
Français, vois-tu, a pour l'ennui une horreur poussée jusqu'à
la vénération. Pour lui, l'ennui est un dieu terrible qui a
pour culte la tenue. Il ne comprend le sérieux que sous cette
forme. Je ne dis pas qu'il pratique, par exemple, mais il
n'en croit que plus fermement, aimant mieux croire... que
d'y aller voir. Oui, ce peuple gai, au fond, se méprise de

l'être; il a perdu sa foi dans le bon sens de son vieux rire; ce peuple sceptique et bavard croit aux silencieux, ce peuple expansif et aimable s'en laisse imposer par la morgue pédante ~t la nullité prétentieuse des pontifes de la cravate blanche : en politique, comme en science, comme en art, comme en littérature, comme en tout! Il les raille, ii les hait, il les fuit comme peste, mais ils ont seuls son admiration secrète et sa confiance absolue! Quelle influence, l'ennui? Ah! ma chère enfant! mais c'est-à-dire qu'il n'y a que deux sortes de gens au monde : ceux qui ne savent pas s'ennuyer et qui ne sont rien, et ceux qui savent s'ennuyer et qui sont tout... après ceux qui savent ennuyer les autres!

JEANNE.

Et voilà où tu m'amènes, misérable!

PAUL.

Veux-tu être préfète, oui ou non?

JEANNE.

Oh! d'abord, je ne pourrai jamais...

PAUL.

Laisse donc! ce n'est que huit jours à passer.

JEANNE.

Huit jours! sans parler, sans rire, sans t'embrasser.

PAUL.

Devant le monde, mais quand nous serons seuls... et puis dans les coins... tais-toi donc!... ce sera charmant, au contraire : je te donnerai des rendez-vous... au jardin... partout... comme avant notre mariage.... chez ton père, tu sais?...

JEANNE.

Ah ! c'est égal ! c'est égal !...

> Elle ouvre le piano et joue un air de *la Fille de madame Angot.*

PAUL, effrayé.

Eh bien ! eh bien ! qu'est-ce que tu fais là?

JEANNE.

C'est dans l'opérette d'hier.

PAUL.

Malheureuse ! voilà comme tu profites...

JEANNE.

En baignoire, tous les deux, ah! Paul, c'était si gentil!

PAUL.

Jeanne... Mais Jeanne!.. si on venait... veux-tu bien ?.. (François paraît au fond.) Trop tard ! (Jeanne change son air d'opérette en symphonie de Beethoven; à part.) Beethoven ! Bravo ! (Il suit la mesure d'un air profond.) Ah! il n'y a décidément de musique qu'au Conservatoire.

SCÈNE III

JEANNE, PAUL, FRANÇOIS.

FRANÇOIS.

Madame la comtesse prie monsieur le sous-préfet de l'attendre cinq minutes, elle est en conférence avec monsieur le baron Eriel de Saint-Réault.

PAUL.

L'orientaliste ?

FRANÇOIS.

Je ne sais pas, Monsieur; c'est le savant dont le père avait tant de talent...

PAUL, à part

Et qui a tant de places. C'est bien cela. (Haut.) Ah! monsieur de Saint-Réault est au château et madame de Saint-Réault aussi, sans doute?

FRANÇOIS.

Oui, monsieur le sous-préfet, ainsi que la marquise de Loudan et madame Arriégo; mais ces dames sont en ce moment à Paris, au cours de monsieur Bellac, avec mademoiselle Suzanne de Villiers.

PAUL.

Et il n'y a pas d'autres personnes en résidence ici ?...

FRANÇOIS.

Il y a madame la duchesse de Réville, la tante de madame.

PAUL.

Oh ! je ne parle ni de la duchesse, ni de miss Watson, ni de mademoiselle de Villiers qui sont de la maison, mais des étrangers comme nous.

FRANÇOIS.

Non, monsieur le sous-préfet, c'est tout.

PAUL.

Et on n'attend personne?

FRANÇOIS.

Personne?... si, monsieur le sous-préfet : monsieur Roger,
le fils de madame la comtesse, arrive aujourd'hui même de
sa mission scientifique en Orient ; on l'attend d'un moment
à l'autre... Ah ! et puis monsieur Bellac, le professeur, qui,
après son cours, va venir s'installer ici pour quelque temps ;
du moins on l'espère.

PAUL, à part.

C'est donc pour cela qu'il y a tant de dames. (Haut.) C'est
bien, merci.

FRANÇOIS.

Alors, monsieur le sous-préfet veut bien attendre?

PAUL.

Oui, et dites à madame la comtesse de ne pas se presser.

SCÈNE IV

PAUL, JEANNE.

PAUL.

Ouf! quelle peur tu m'as faite avec ta musique!... mais
tu t'en es bien tirée. Bravo! changer Lecocq en Beethoven,
ça c'est très fort!

JEANNE.

Je suis si bête, n'est-ce pas?..

PAUL.

Oh ! que je sais bien que non ! Ah çà ! puisque nous avons encore cinq minutes, un mot sur les gens d'ici ; c'est prudent !

JEANNE.

Ah ! bien, non !

PAUL.

Voyons, Jeanne, cinq minutes ! ces renseignements sont indispensables.

JEANNE.

Alors, après chaque renseignement, tu m'embrasseras

PAUL.

Eh bien, oui, voyons ! quelle enfant ! Ah ! ça ne sera pas long, va !.. la mère, le fils, l'ami et les invités, — ni hommes, ni femmes, tous gens sérieux.

JEANNE.

Eh bien, cela va être gai.

PAUL.

Rassure-toi ! il y'en a deux qui ne le sont pas, sérieux, je te les ai gardés pour la fin.

JEANNE.

Attends, paie-moi d'abord ! (Elle compte sur ses doigts.) Madame de Céran, une ; son fils Roger, deux ; miss Lucy, trois ; deux Saint-Réault ; un Bellac ; une Loudan et une Arriégo, cela fait huit.

Elle tend la joue.

PAUL.

Huit quoi

JEANNE.

Huit renseignements, donc ; allons paie...

Elle tend la joue.

PAUL.

Quelle enfant !... tiens ! tiens ! tiens !

Il l'embrasse coup sur coup.

JEANNE.

Ah ! pas si vite ; détaille ! détaille !

PAUL, après l'avoir embrassée plus lentement.

Là ! es-tu contente ?

JEANNE.

Je peux attendre. Voyons les deux pas sérieux, maintenant.

PAUL.

D'abord la duchesse de Réville, la tante à succession,
une jolie vieille qui a été une jolie femme...

JEANNE, d'un air interrogateur.

Hem ?

PAUL.

On le dit. Un peu hurluberlu et forte en... propos,
mais excellente, avec du bon sens, tu verras... Et enfin,
pour le bouquet, Suzanne de Villiers. Oh ! celle-là pas sérieuse du tout, par exemple ; pas assez.

JEANNE.

Enfin !

PAU .

Une gamine de dix-huit ans, étourdie, bavarde, emballée,
avec des audaces de tenue et de langage... oh ! mais... et
dont l'histoire est tout un roman.

JEANNE.

A la bonne heure ! nanan, cela ! Voyons!

PAUL.

C'est la fille d'une certaine veuve...

JEANNE, même jeu que plus haut.

Hem ?

PAUL.

Dame! une veuve!... et de ce fou de Georges de Villiers, un autre neveu de la duchesse qu'elle adorait. Une fille naturelle, par conséquent.

JEANNE.

Naturelle? oh! mais c'est délicieux!

PAUL.

La mère est morte, le père est mort. La petite est restée seule à douze ans avec un héritage de viveur et une éducation toute pareille. Georges lui apprenait le javanais. La duchesse, qui en est folle, l'a amenée chez madame de Céran qui la déteste, et elle lui a fait donner Roger pour tuteur. On a bien essayé de la mettre au couvent, mais elle s'en est sauvée deux fois; on l'en a renvoyée une troisième, et la voilà ici! Juge de l'effet dans la maison ! Un feu d'artifice dans la lune. — Ah! j'ai bien fini, j'espère; c'est gentil, ça?

JEANNE.

Si gentil   que je te fais grâce des deux baisers que tu me dois...

PAUL, désappointé.

Ah !

JEANNE.

Et que c'est moi qui te les donne.

Elle l'embrasse.

PAUL.

Folle ! *(La porte du fond s'ouvre.)* Oh ! Saint-Réault et madame de Céran Souffle-moi dans l'œil !... Non !... elle ne nous a pas vus ! Tiens-toi ! hum ! tenez-vous !...

SCÈNE V

PAUL, JEANNE, MADAME DE CÉRAN ET SAINT-RÉAULT, sur la porte, causant sans les voir

MADAME DE CÉRAN.

Mais non, mon ami ! pas au premier tour ! comprenez donc ! 15-8-15, au premier tour.... Il y a ballottage au premier tour, par conséquent second tour ; c'est pourtant simple.

SAINT-RÉAULT.

Simple ! simple ! Au second tour, puisque je n'ai que quatre voix de second tour, avec nos neuf voix du premier tour, cela ne nous fait que treize au second tour.

MADAME DE CÉRAN

Et nos sept de premier tour, cela fait vingt au second tour ; comprenez donc !

SAINT-RÉAULT, éclairé.

Ah !

PAUL, à Jeanne.

C'est si simple.

MADAME DE CÉRAN.

Mais !... je vous le répète, soignez Dalibert et ses libéraux. L'Académie est libérale dans ce moment-ci... (Insistant.) dans ce moment-ci.

Ils descendent en scène en causant.

SAINT-RÉAULT.

Revel n'est-il pas aussi directeur de la Jeune École ?

MADAME DE CÉRAN, le regardant.

Ah çà ! Revel n'est pas mort, que je sache ?...

SAINT-RÉAULT.

Mais non.

MADAME DE CÉRAN, de même.

Ni malade ? hein ?

SAINT-RÉAULT, un peu embarrassé.

Oh ! malade... il l'est toujours.

MADAME DE CÉRAN.

Eh bien, alors ?

SAINT-RÉAULT.

Enfin, il faut être prêt, qui sait ?... Je vais m'en occuper.

MADAME DE CÉRAN, à part.

Il y a quelque chose. (Apercevant Raymond et allant à lui.) Ah ! mon cher monsieur Raymond, je vous oubliais, pardonnez-moi.

PAUL.

Oh! Comtesse... (Lui présentant Jeanne.) Madame Paul Raymond.

MADAME DE CÉRAN.

Soyez la bienvenue dans ma maison, Madame. Vous êtes ici chez une amie. (Les présentant à Saint-Réault et le leur présentant.) M. Paul Raymond, sous-préfet d'Agenis; madame Paul Raymond; monsieur le baron Eriel de Saint-Réault.

PAUL.

Je suis d'autant plus heureux de vous être présenté, monsieur le baron, que, bien jeune, j'ai eu l'honneur de connaître votre illustre père. (A part.) Il m'a collé à mon baccalauréat.

SAINT-RÉAULT, saluant.

Fort heureux, monsieur le préfet, de cette coïncidence.

PAUL.

Moins que moi, monsieur le baron; en tous cas, moins fier.

Saint-Réault va à la table et écrit.

MADAME DE CÉRAN, à Jeanne.

Vous trouverez ma maison peut-être un peu austère pour votre jeunesse, Madame; ne vous en prenez qu'à votre mari si votre séjour ici comporte quelque monotonie, et dites-vous pour vous consoler que se résigner c'est obéir, et qu'en venant vous n'étiez pas libre.

JEANNE, gravement.

En quoi donc, madame la comtesse? Être libre, ce n'est

pas faire ce que l'on veut, mais ce que l'on juge meilleur..
a dit le philosophe Joubert.

MADAME DE CÉRAN, après avoir regardé Paul, approbativement.

Voilà un mot qui me rassure, mon enfant. Du reste,
pour purement intellectuel que soit le mouvement de mon
salon, il n'est pas sans attrait pour les esprits élevés. Et
tenez, aujourd'hui, précisément, la soirée sera particulièrement intéressante. M. de Saint-Réault veut bien nous
lire un extrait de son travail inédit sur Rama-Ravana et
les légendes sanscrites.

PAUL.

Vraiment! Oh! Jeanne!..

JEANNE.

Quel bonheur!

MADAME DE CÉRAN.

Après quoi, je crois pouvoir vous promettre quelque chose
de M. Bellac.

JEANNE.

Le professeur?

MADAME DE CÉRAN.

Vous le connaissez?

JEANNE.

Quelle daize ne le connaît pas? Oh! mais cela va être
charmant.

MADAME DE CÉRAN.

Une causerie intime, *ad usum mundi*, quelques mots
seulement, mais du fruit rare, et enfin, pour terminer, la
lecture d'une pièce inédite.

PAUL.

Oh! en vers peut-être?

MADAME DE CÉRAN.

Oui, le premier ouvrage d'un jeune poëte inconnu
qu'on me présente ce soir et dont l'œuvre vient d'être
admise au Théâtre-Français.

PAUL.

Voilà de ces bonnes fortunes que les délicats ne ren-
contrent que chez vous, Comtesse.

MADAME DE CÉRAN.

Toute cette littérature ne vous effraie pas un peu, Madame?... Car enfin une soirée comme celle-là, c'est autant de perdu pour votre beauté.

JEANNE, gravement.

Ce que le vulgaire appelle temps perdu est bien souvent du temps gagné, comme a dit M. de Tocqueville !

MADAME DE CÉRAN, la regardant étonnée, bas à Paul.

Elle est charmante ! (Saint-Réault se lève et va vers la porte.)
Eh bien, Saint-Réault, où allez-vous donc ?

SAINT-RÉAULT, sortant.

Au chemin de fer ; excusez-moi   Un télégramme... Je
reviens dans dix minutes.

Il sort.

MADAME DE CÉRAN.

Décidément, il y a quelque chose... (Elle cherche sur la table.)
(A Jeanne et à Paul.) Pardon ! (Elle sonne, François paraît.) Les journaux ?

FRANÇOIS.

M. de Saint-Réault les a pris ce matin, madame la comtesse Ils sont dans sa chambre.

PAUL, tirant le *Journal Amusant* de sa poche.

Si vous voulez, Comtesse !...

Jeanne l'arrête brusquement, tire le *Journal des Débats* de la sienne et le remet à madame de Céran.

JEANNE.

Il est d'aujourd'hui.

MADAME DE CÉRAN.

Volontiers... Je suis curieuse... Encore pardon.

Elle ouvre le journal et lit.

PAUL, bas à sa femme.

Bravo ! très bien ! continue ! Exquis le Joubert ! et le Tocqueville !... Ah ! ça...

JEANNE, bas.

Ce n'est pas de Tocqueville, c'est de moi.

PAUL.

Oh !

MADAME DE CÉRAN, lisant.

Revel très malade... Allons donc ! j'étais bien sûre !... Il ne perd pas de temps, Saint-Réault. (Rendant le journal à Paul.) Je sais ce que je voulais savoir, merci ! Je ne veux pas vous retenir, on va vous indiquer vos chambres. Nous dînons à six heures très précisés ; la duchesse est fort exacte, vous le savez. A quatre heures, le consommé : à cinq, la promenade, a six, le dîner. (Quatre heures sonnent.) Et tenez, quatre heures, la voici,

SCÈNE VI

Les Mêmes, LA DUCHESSE entre suivie de **FRANÇOIS**
qui dispose son fauteuil et son panier à tapisserie, et d'une femme de
chambre qui porte le consommé. Elle va s'asseoir dans le fauteuil préparé
pour elle.

MADAME DE CÉRAN.

Ma chère tante, voulez-vous me permettre de vous présenter...

LA DUCHESSE, s'installant.

Attends un peu... Attends un peu... Là! Me présenter qui donc?... (Elle regarde avec son binocle.) Ce n'est pas Raymond, j'imagine?... Il y a beau jour que je le connais.

PAUL, s'avançant avec Jeanne.

Non, Duchesse; mais madame Paul Raymond, sa femme, si vous le voulez bien.

LA DUCHESSE, lorgnant Jeanne qui salue.

Elle est jolie!... Elle est très jolie! Avec ma petite Suzanne et Lucy, malgré ses lunettes, ça fera trois jolies femmes dans la maison... Ce ne sera, ma foi, pas trop. (Elle boit. A Jeanne.) Et comment, charmante comme vous êtes, avez-vous épousé cet affreux républicain-là?...

PAUL, se récriant.

Oh! Duchesse! républicain, moi!

LA DUCHESSE.

Ah ! vous l'avez été au moins.

Elle boit.

PAUL.

Oh ! bien, comme tout le monde, quand j'étais petit. C'est la rougeole politique cela, Duchesse; tout le monde l'a eue.

LA DUCHESSE, riant.

Ah ! ah ! la rougeole !... Il est drôle. (A Jeanne.) Et vous, êtes-vous un peu gaie aussi, mon enfant, voyons ?

JEANNE, réservée.

Mon Dieu, madame la duchesse, je ne suis pas ennemie d'une gaieté décente... et je...

LA DUCHESSE.

Oui; enfin, entre un pinson et vous, il y a une différence, je vois cela. Tant pis ! tant pis !... J'aime qu'on soit gaie, moi... surtout à votre âge. (A la femme de chambre.) Tenez, ôtez-moi cela.   Elle montre sa tasse.

MADAME DE CÉRAN, à la femme de chambre.

Voulez-vous conduire madame Raymond chez elle, Mademoiselle? (A Jeanne.) Votre appartement est par ici, à côté du mien...

JEANNE.

Merci, Madame. (A Paul.) Venez, mon ami.

MADAME DE CÉRAN.

Non ! votre mari, je l'ai mis par là, lui, ae l'autre côté, avec nos laborieux; entre le comte, mon fils et M. Bellac, dans ce pavillon que nous appelons ici, un peu prétentieusement peut-être, le pavillon des Muses. (A Paul.) François va vous y conduire ; j'ai pensé que vous seriez mieux là pour travailler.

PAUL.

Admirablement, Comtesse, et je vous remercie. (Jeanne le pince.) Aïe !

JEANNE, doucement.

Allez, mon ami !

PAUL, bas.

Tu viendras au moins m'aider à défaire mes malles.

JEANNE.

Comment ?

PAUL.

Par les corridors, en haut.

LA DUCHESSE, à madame de Céran.

Si tu crois que tu leur fais plaisir avec ta séparath de corps.

JEANNE, bas, à Paul.

Je suis trop bonne.

MADAME DE CÉRAN, à Jeanne.

Comment, est-ce que cet arrangement vous contrarie ?

JEANNE.

Moi, madame la comtesse, mais pas le moins du monde. D'ailleurs, vous savez mieux que personne *quid deceat, quid non.*

Elle salue.

MADAME DE CÉRAN, à Paul

Tout à fait charmante !

Ils sortent ; Paul à droite, Jeanne à gauche.

SCÈNE VII

MADAME DE CÉRAN, LA DUCHESSE, assise près de la table de gauche et travaillant à sa tapisserie.

LA DUCHESSE.

Ah ! elle parle latin ! Allons ! allons ! elle ne déparera pas la collection.

MADAME DE CÉRAN.

Vous savez, ma tante, que Revel est au plus mal.

LA DUCHESSE.

Il ne fait que cela, et puis qu'est-ce que cela me fait ?

MADAME DE CÉRAN, s'asseyant.

Comment, ma tante ! mais Revel est un second Saint-Réault. Il occupe au moins quinze places. Celle de Directeur de la Jeune École, entre autres, une situation qui mène à tout: voilà ce qu'il faudrait à Roger. Justement il revient aujourd'hui et j'ai le secrétaire du Ministre à dîner ce soir, vous le savez.

LA DUCHESSE.

Oui, une nouvelle couche qui s'appelle Toulonnier.

MADAME DE CÉRAN.

Ce soir, j'emporte la place.

LA DUCHESSE.

Alors tu veux en faire un maître d'école, de ton fils, à présent?

MADAME DE CÉRAN.

Mais c'est le pied à l'étrier, ma tante, comprenez donc !

LA DUCHESSE.

Il est vrai que tu l'as élevé comme un pion.

MADAME DE CÉRAN.

J'en ai fait un homme sérieux, ma tante.

LA DUCHESSE.

Oh ! oui, parlons-en ! un homme de vingt-huit ans, qui n'a pas encore seulement... fait une bêtise, je le parierais ; si ce n'est pas honteux !

MADAME DE CÉRAN.

A trente ans, il sera de l'Institut, à trente-cinq à la Chambre.

LA DUCHESSE.

Ah çà ! décidément, tu veux recommencer avec le fils ce que tu as fait avec le père ?

MADAME DE CÉRAN.

Ai-je donc si mal fait?

LA DUCHESSE.

Ah ! pour ton mari, je ne dis pas : un cœur sec, une intelligence médiocre...

MADAME DE CÉRAN.

Ma tante !

LA DUCHESSE,

Laisse-moi donc tranquille, c'était un imbécile, ton mari !

MADAME DE CÉRAN.

Duchesse !

LA DUCHESSE.

Un imbécile avec de la tenue ! Tu l'as poussé dans la politique. C'était indiqué. Et encore tout ce que tu as pu en faire, c'est un ministre de l'agriculture et du commerce. Il n'y a pas tant de quoi te vanter ! Enfin, passe pour lui; mais pour Roger, c'est autre chose : il est intelligent, lui, il a du cœur ou il en aura... que diable ! ou il ne serait pas mon neveu. Tu re penses pas à cela, toi ?

MADAME DE CÉRAN.

Je pense à sa carrière, ma tante !

LA DUCHESSE.

Et à son bonheur?

MADAME DE CÉRAN.

J'y ai pensé.

LA DUCHESSE.

Oui, oui, oh! Lucy, n'est-ce pas ? Ils s'écrivent, je sais cela; c'est joli, va! Une jeune fille qui a des lunettes et qui n'a pas de gorge..., tu appelles ça penser à son bonheur, toi?

MADAME DE CÉRAN.

Duchesse, vous êtes terrible.

LA DUCHESSE.

Une manière d'aérolithe qui est tombé ici pour quinze

jours et qui y est depuis deux ans, une pédante qui correspond avec les savants, qui traduit Schopenhauer.

MADAME DE CÉRAN.

Une personne sérieuse, instruite, orpheline, extrêmement riche et ien née, la nièce du lord chancelier qui me l'a recommandée... ce serait pour Roger une femme...

LA DUCHESSE.

Cette banquise anglaise ?... brrr !... Rien qu'à l'embrasser il aurait le nez gelé. Du reste, tu fais fausse route, tu sais. D'abord Bellac en tient pour elle ; oui, le professeur. Oh! il m'a demandé trop de renseignements... Et puis elle en tient pour lui.

MADAME DE CÉRAN.

Lucy?

LA DUCHESSE.

Oui! Lucy! parfaitement! comme vous toutes, d'ailleurs; vous en êtes toutes folles!... Oh! mais je m'y connais mieux que toi, peut-être. Non, non, ce n'est pas Lucy qu'il faut à ton fils.

MADAME DE CÉRAN.

Oui, c'est Suzanne, je sais vos desseins.

LA DUCHESSE.

Et je ne m'en cache pas ! Oui, si j'ai amené Suzanne chez toi, c'est pour qu'il l'épouse. Si j'ai voulu qu'il fût son tuteur et un peu son maître, c'est pour qu'il l'épouse, et il l'épousera, j'y compte bien.

MADAME DE CÉRAN.

Vous comptez sans moi, Duchesse, qui n'y consentirai jamais !

LA DUCHESSE.

Et pourquoi donc? Une enfant...

MADAME DE CÉRAN.

Inquiétante d'origine, inquiétante d'allures, sans éducation, sans tenue!

LA DUCHESSE, éclatant de rire.

Tout à fait moi, à son âge!

MADAME DE CÉRAN.

Sans fortune, sans naissance!

LA DUCHESSE.

Sans naissance! La fille de mon pauvre Georges, si beau,
si bon, si brave... Ta cousine, après tout.

MADAME DE CÉRAN.

Une enfant naturelle!

LA DUCHESSE.

Naturelle! Eh bien, quoi? naturelle! Est-ce que tous les
enfants ne sont pas naturels?... Tu me fais rire! Et puis
d'ailleurs il l'a reconnue. Et puis, et puis tu auras beau
faire, tu sais, si le diable s'en mêle .. et moi donc!

MADAME DE CÉRAN.

Il s'en est mêlé, Duchesse, mais pas comme vous l'espé-
riez; c'est vous qui faites fausse route.

LA DUCHESSE.

Oh! le professeur! oui, oui, Bellac. Tu m'as dit cela.
Tu crois qu'on ne peut pas aller à son cours sans l'aimer
alors?

MADAME DE CÉRAN.

Mais Suzanne n'en manque pas un, ma tante, et elle
prend des notes, et elle rédige, et elle travaille; un travail
sérieux, Suzanne! Et quand il est là, elle ne le quitte pas
d'un instant, elle boit ses paroles. Et tout cela pour la science,
alors? Allons donc! ce n'est pas la science qu'elle aime,
c'est le savant! c'est aussi clair! Il n'y a qu'à la voir avec
Lucy, d'ailleurs: elle en est jalouse. Et cette coquetterie qui
lui est venue, et son caractère, depuis quelque temps? Elle
chante, elle boude, elle rougit, elle pâlit, elle rit, elle pleure...

LA DUCHESSE.

Giboulées d'avril : c'est la fleur qui vient. Elle s'ennuie,
cette enfant.

MADAME DE CÉRAN.

Ici?

LA DUCHESSE.

Ici! Ah çà, est-ce que tu t'imagines qu'on s'amuse, ici?
Mais moi, tu entends, moi!... Est-ce que tu crois que si j'avais
dix-huit ans je serais ici, moi, avec toutes tes vieilles et
tous tes vieux? Ah ! bien oui! Mais je serais toujours four-
rée avec des jeunes gens, moi! et les plus jeunes possible,
et les plus beaux possible, et qui me feraient la cour le
plus possible ! Nous autres femmes, vois-tu, il n'y a qu'une
seule chose qui ne nous ennuie jamais, c'est d'aimer et
d'être aimées! Et plus je vieillis, plus je vois qu'il n'y
a pas d'autre bonheur au monde.

MADAME DE CÉRAN.

Il y en a de plus sérieux, Duchesse.

LA DUCHESSE

De plus sérieux que l'amour! Allons donc! C'est-à-dire que quand celui-là vous échappe, on s'en fait d'autres: quand on est vieux on a des faux bonheurs comme on a des fausses dents, mais il n'y en a qu'un vrai! un seul! c'est l'amour! c'est l'amour, je te dis!

MADAME DE CÉRAN.

Vous êtes romanesque, ma tante.

LA DUCHESSE.

C'est de mon âge, ma nièce. Les femmes le sont deux fois : à seize ans pour elles, et à soixante ans pour les autres. En résumé, tu veux que Lucy épouse ton fils; moi je veux que ce soit Suzanne; tu dis que c'est Suzanne qui aime Bellac, moi je dis que c'est Lucy. Nous avons peut-être tort toutes les deux. C'est Roger qui jugera.

MADAME DE CÉRAN.

Comment ?

LA DUCHESSE.

Oui; je lui exposerai la situation et pas plus tard que tout à l'heure, dès son arrivée.

MADAME DE CÉRAN.

Vous voulez!...

LA DUCHESSE.

Ah ! c'est son tuteur ! Il faut qu'il le sache. (A part.) Et puis ça l'émoustillera un peu, il en a besoin!

SCÈNE VIII

MADAME DE CÉRAN, LA DUCHESSE, LUCY,

en grande toilette décolletée, avec une pèlerine.

LUCY.

Je crois que voici votre fils, Madame.

MADAME DE CÉRAN.

Le comte !

LA DUCHESSE.

Roger !

LUCY.

Sa voiture entre dans la cour.

MADAME DE CÉRAN.

Enfin !

LA DUCHESSE.

Tu avais peur qu'il ne revînt pas?

MADAME DE CÉRAN.

Qu'il ne revînt pas à temps, oui... à cause de cette place..

LUCY.

Oh !... il m'avait écrit ce matin qu'il arriverait aujour-
d'hui, jeudi.

LA DUCHESSE.

Et vous avez manqué le cours du professeur pour le
voir plus tôt? c'est bien, cela.

LUCY.

Oh ! ce n'est pas pour cela, Madame.

LA DUCHESSE, bas, à madame de Céran.

Tu vois ?... (Haut.) Non, alors ?...

LUCY.

Non... je cherchais... je... c'est autre chose qui m'a
retenue.

LA DUCHESSE.

Ce n'est pourtant pas pour le nommé Schopenhauer que
vous avez fait cette toilette-là, j'imagine ?

LUCY.

Mais n'attend-on pas du monde ici, ce soir, Madame?

LA DUCHESSE, bas, à madame de Céran.

Bellac, c'est assez clair. (A Lucy.) Mes compliments, d'ailleurs. Il n'y a que ces affreuses lunettes... Pourquoi donc
portez-vous des infamies pareilles ?

LUCY.

Parce que je n'y vois pas sans cela, Madame.

LA DUCHESSE.

Une belle raison ! (A part.) Elle est pratique ; j'ai horreur
de cela, moi !.... C'est égal, elle est moins maigre que
je ne croyais. Ces Anglaises ont d'aimables surprises.

MADAME DE CÉRAN.

Ah ! voici mon fils.

SCÈNE IX

Les Mêmes, ROGER.

ROGER.

Ma mère ! ah ! ma mère !.... que je suis heureux de
ous revoir.

MADAME DE CÉRAN.

Et moi de même, mon cher enfant.

Elle lui tend la main qu'il baise.

ROGER.

Qu'il y a longtemps !.... Encore !

Il lui baise encore la main.

LA DUCHESSE, à part.

Ils ne s'étoufferont pas.

MADAME DE CÉRAN, lui faisant voir madame de Réville.

La duchesse, mon ami.

ROGER, allant à la duchesse.

Duchesse !

LA DUCHESSE.

Appelle-moi ma tante et embrasse-moi !

ROGER.

Ma chère tante...

Il va pour lui baiser la main.

LA DUCHESSE.

Non !... non !... sur les joues, moi, sur les joues. ce

3

sont les petits profits de mon âge..... Mais regarde-moi
donc !... tu as toujours ton petit air pion ! Tiens ! tu as
laissé pousser tes moustaches, il est tout à fait mignon
comme cela, ce garçon.

MADAME DE CÉRAN.

J'espère bien, Roger, que vous couperez cela.

ROGER.

Oui, ma mère, soyez tranquille.... Ah ! Lucy; bonjour.
Lucy !....

LUCY.

Bonjour, Roger ! (Poignées de mains.) Vous avez fait un bon
voyage ?

ROGER.

Oh ! des plus intéressants; figurez-vous un pays presque
inexploré et, comme je vous l'écrivais, une mine véritable
pour le savant, le poète et l'artiste.

LA DUCHESSE, s'asseyant.

Et les femmes ? Parle-moi un peu des femmes.

MADAME DE CÉRAN.

Duchesse !

ROGER, étonné.

De quelles femmes, ma tante ?

LA DUCHESSE.

De ces femmes d'Orient qui sont si belles, il paraît...
Ah ! coquin !

ROGER.

Je vous avouerai, ma tante, que le temps m'a manqué
pour vérifier ce... détail.

LA DUCHESSE, indignée.

Ce détail !

ROGER, souriant.

Du reste, le gouvernement ne m'avait pas envoyé pour cela.

LA DUCHESSE.

Mais qu'est-ce que tu as vu, alors ?

ROGER.

Vous lirez cela dans la *Revue archéologique.*

LUCY.

Sur les monuments funéraires de l'Asie occidentale n'est-ce pas, Roger ?

ROGER.

Oui, oh ! Lucy, il y a là des tumuli...

LUCY.

Ah ! des tumuli !

LA DUCHESSE.

Voyons, voyons, vous marivauderez quand vous serez seuls. Dis-moi un peu, tu dois être fatigué ?... Tu arrives à l'instant ?

ROGER.

Oh ! non, ma tante, je suis depuis hier soir à Paris.

LA DUCHESSE.

Tu as été au spectacle ?

ROGER.

Non, j'ai été simplement voir le Ministre.

MADAME DE CÉRAN.

Très bien ! et qu'est-ce qu'il t'a dit?

LUCY.

Je vous laisse.

MADAME DE CÉRAN.

Oh ! vous pouvez rester, Lucy.

LUCY.

Non, il est plus convenable que je vous laisse, je reviendrai tout à l'heure;... à tout à l'heure, Roger

Elle lui tend la main.

ROGER, lui serrant la main.

A tout à l'heure, Lucy.

LA DUCHESSE, à part.

Pour ceux-là, je les garantis calmes, on ne peut plus calmes.

Lucy sort. Roger l'accompagne jusqu'à la porte de droite, Madame de Céran s'assied sur le fauteuil, de l'autre côté de la table.

SCÈNE X

LES MÊMES, moins LUCY.

MADAME DE CÉRAN.

Et qu'est-ce qu'il t'a dit, le Ministre, voyons?...

LA DUCHESSE.

Ah ! oui, au fait, parlons-en un peu il y avait longtemps.

ROGER.

Il m'a interrogé sur les résultats de mon voyage et m'a demandé mon rapport dans le plus bref délai, en assignant au jour de son dépôt une récompense que vous devinez, n'est-ce pas.

Il montre sa boutonnière où est le ruban de chevalier.

MADAME DE CÉRAN.

Officier? C'est bien, mais j'ai mieux. Et puis?

ROGER.

Et puis, il m'a chargé de vous présenter ses respects, ma mère, en vous priant de penser à lui, pour cette loi, au Sénat.

MADAME DE CÉRAN.

Je penserai à lui s'il pense à nous... Il faut te mettre à ton rapport sans tarder.

ROGER.

A l'instant même.

MADAME DE CÉRAN.

Tu as mis des cartes chez le Président?

ROGER.

Ce matin, oui, et chez le général de Briais et chez madame de Vielfond.

MADAME DE CÉRAN.

Bon! il faut qu'on sache ton retour. Du reste, je ferai passer une note aux journaux. A ce propos, une observation. Les articles que tu as envoyés de là-bas sont bien; seulement j'y ai découvert avec étonnement une tendance à... comment dirai-je? à l'imagination, au style; il y a des paysages... des digressions... il y a même des vers... (D'un ton de reproche douloureux.) des vers d'Alfred de Musset, mon enfant !

LA DUCHESSE.

Oui, enfin, c'était presque amusant, méfie-toi de cela.

MADAME DE CÉRAN.

La duchesse plaisante, mon ami, mais garde-toi de la poésie, je t'en prie... Tu traites des matières sérieuses, sois sérieux.

ROGER.

Je ne croyais pas, ma mère... A quoi reconnaît-on qu'un article est sérieux, alors ?

LA DUCHESSE, montrant une brochure.

A ce qu'il n'est pas coupé, mon ami.

MADAME DE CÉRAN.

Ta tante exagère, mon enfant ; mais crois-moi, va, pas de poésie. Et maintenant, nous dînons à six heures. Tu as ton rapport sur les *tumuli* à faire et une heure devant toi. Je ne te retiens plus ; va à ton travail, va !...

LA DUCHESSE.

Un instant !... Maintenant que vos épanchements de cœur sont terminés, parlons d'affaires, s'il vous plaît. Et Suzanne ?

ROGER.

Oh ! chère petite, où donc est-elle ?

LA DUCHESSE.

Au cours de littératures comparées, mon ami.

ROGER.

Suzanne ?

LA DUCHESSE.

Oui au cours de Bellac.

ROGER.

Bellac ?.. Qui, Bellac ?..

LA DUCHESSE.

Un champignon de cet hiver, le savant à la mode, un de
ces abbés galants d'Ecole Normale, courtisant les femmes,
courtisé d'elles, et se poussant par ce moyen. La princesse
Okolitch, qui en est folle, comme toutes nos vieilles, du reste,
a imaginé de lui faire faire deux fois par semaine, dans son
salon, un cours dont la littérature est le prétexte et le cail-
letage le but. Or, à force de voir toute la haute femel-
lerie férue du génie de ce Vadius jeune, aimable et facond,
il paraît que ta pupille a fait comme les autres, voilà !

MADAME DE CÉRAN.

Inutile, Duchesse...

LA DUCHESSE.

Pardon, c'est son tuteur, il doit tout savoir.

ROGER.

Mais qu'est-ce que cela veut dire, ma tante ?

LA DUCHESSE.

Ça veut dire que Suzanne est amoureuse de ce monsieur
là... Comprends-tu ?

ROGER.

Suzanne !.. allons donc; cette gamine!

LA DUCHESSE.

Oh ! il ne faut pas longtemps à une gamine pour passer
femme, tu sais.

ROGER.

Suzanne !

LA DUCHESSE.

Enfin, voilà ce que ta mère prétend.

MADAME DE CÉRAN.

Je prétends, je prétends que cette... demoiselle recherche visiblement les bonnes grâces d'un homme beaucoup trop sérieux pour l'épouser, mais assez galant pour s'amuser d'elle, et je prétends que, dans ma maison, cette aventure qui n'en est encore qu'à l'inconvenance, n'aille pas jusqu'au scandale.

LA DUCHESSE, à Roger.

Tu entends ?

ROGER.

Mais, ma mère, vous me confondez ! Suzanne ! une enfant que j'ai laissée en robe courte, grimpant aux arbres, une gamine à qui je donnais des pensums, qui sautait sur mes genoux, qui m'appelait papa... Allons donc !... C'est impossible... une dépravation aussi précoce....

LA DUCHESSE.

Une dépravation ! parce qu'elle aime ! Ah ! tu es bien le fils de ta mère, toi, par exemple !... Et quant à être précoce, il y a beau jour qu'à son âge mon cœur avait parlé... C'était un hussard, moi ! oui, bleu et argent ! superbe !... Il était bête comme son sabre ! mais à cet âge-là !... 'Jn cœur neuf, c'est comme une maison neuve, ce ne sont pas les vrais locataires qui essuient les plâtres ! Enfin, il paraît que Bellac... Ah ! c'est invraisemblable; mais les jeunes filles... il faut se méfier. (A part.) Je n'en crois pas un mot, mais ça l'émoustille... (Haut.) Et c'est pourquoi tu vas me faire le plaisir de planter là tes *tumuli* et de t'occuper d'elle et rien que d'elle.

SCÈNE XI

MADAME DE CÉRAN, LA DUCHESSE, ROGER, SUZANNE.

SUZANNE, entrant à pas de loup derrière Roger, lui met la main sur les yeux.

Coucou !...

ROGER, se levant.

Hein ?

SUZANNE, venant se placer devant lui.

Ah ! la voilà.

ROGER, surpris.

Mais, Mademoiselle...

SUZANNE.

Vilain !... qui ne reconnaît pas sa fille

ROGER.

Suzanne !

LA DUCHESSE, à part.

Il rougit.

SUZANNE.

Eh bien ! tu ne m'embrasses pas ?

MADAME DE CÉRAN.

Suzanne, voyons, il n'est pas convenable. .

SUZANNE.

D'embrasser son père?.. Ah bien !

Elle va à lui.

LA DUCHESSE, à Roger.

Mais embrasse-la donc, voyons !..

Ils s'embrassent.

SUZANNE.

C'est moi qui suis contente!... Je ne savais pas que tu
arrivais aujourd'hui, figure-toi! C'est madame de Saint-
Réault qui m'a appris cela, au cours, tout à l'heure ; alors,
moi, sans rien dire... j'étais précisément près d'une porte...
je me suis esquivée et j'ai couru au chemin de fer !

MADAME DE CÉRAN.

Seule?

SUZANNE.

Oui, toute seule ! Oh ! C'est amusant !... Mais le plus
drôle, vous allez voir !... J'arrive au guichet, pas d'argent,
ah !! Voyant cela, un monsieur qui prenait son billet
m'offre de prendre le mien, un jeune homme très poli. Il
allait à Saint-Germain justement. Et puis un autre, un
vieux très respectable ! Et puis un troisième, et puis tout le
monde, tous les messieurs qui étaient là... ils allaient tous
à Saint-Germain : « Mais, Mademoiselle, je vous en prie !...
Je ne souffrirai pas... Moi, Mademoiselle, moi!.. » J'ai donné
la préférence au vieux respectable; tu comprends, c'était
plus convenable.

MADAME DE CÉRAN.

Tu as accepté?

SUZANNE.

Je ne pouvais pas rester là, voyons.

MADAME DE CÉRAN.

D'un étranger?

SUZANNE.

Puisque c'était un vieux respectable !... Oh ! il a été très bien ; il m'a aidée à monter en wagon... Oh ! très bien ! tous, du reste !... car ils étaient tous montés avec nous. Et si aimables ! Ils m'offraient les coins, ils levaient les glaces, et puis ils s'empressaient : « Par ici, Mademoiselle ;... non, » vous iriez en arrière !... Tenez, par là ; pas de soleil, » Mademoiselle !... » et ils tiraient leurs manchettes, et ils frisaient leurs moustaches, et ils faisaient des grâces, tout à fait comme pour une dame... Oh ! oui, c'est amusant de sortir seule !... Il n'y a que le vieux respectable qui me parlait toujours de ses propriétés immenses !... ça m'était bien égal.

MADAME DE CÉRAN.

Mais c'est monstrueux !

SUZANNE.

Oh ! non ; mais le plus étonnant, c'est qu'en arrivant, je retrouve mon porte-monnaie ! dans ma poche !... Alors, j'ai remboursé le vieux respectable, j'ai fait une belle révérence à ces messieurs, et j'ai filé. Ah ! ah ! ils me regardaient tous... (A Róger.) comme toi, tiens !... Qu'est-ce qu'il a ?... Mais embrasse-moi donc encore !...

MADAME DE CÉRAN, à la duchesse.

Voilà une inconvenance qui dépasse toutes les autres.

SUZANNE.

Une inconvenance !

LA DUCHESSE.

Tu vois bien qu'elle n'a pas conscience...

MADAME DE CÉRAN.

Une jeune fille, seule, par les chemins !

SUZANNE.

Lucy sort bien seule !

MADAME DE CÉRAN.

Lucy n'a pas dix-huit ans.

SUZANNE.

Je crois bien ! Elle en a au moins vingt-quatre !

MADAME DE CÉRAN.

Lucy sait se conduire.

SUZANNE.

Pourquoi? parce qu'elle a des lunettes ?

LA DUCHESSE, riant.

Suzanne ! voyons !... (A part.) Je l'adore, moi, cette enfant-là !

MADAME DE CÉRAN.

Lucy n'a pas été renvoyée du couvent.

SUZANNE.

Oh ! cela, c'est une injustice, tu vas voir. Quand je m'ennuyais...

MADAME DE CÉRAN.

Inutile, votre tuteur le sait...

SUZANNE.

Oui, mais il ne sait pas pourquoi... Tu vas voir si c'est une injustice. Quand je m'ennuyais trop en classe, je me

faisais mettre à la porte pour aller au jardin, tu comprends !... Oh! mon Dieu ! c'était bien facile... J'avais un
moyen! Au milieu d'un grand silence, je m'écriais : — « Ah !
ce Voltaire, quel génie! » La sœur Séraphine me disait
tout de suite : Sortez, Mademoiselle ! Ce n'était pas long et
ça prenait toujours. Une fois, qu'il faisait un beau soleil, je
regardais par le carreau et tout d'un coup, je dis : « Ah ! ce
Voltaire, quel génie! » et j'attends. Rien !... — Je répète :
« Oh ! ce Voltaire...! » Encore rien... un silence ! Tout étonnée,
je me retourne. La mère supérieure était là, je ne l'avais
pas entendue entrer. Tableau ! Elle ne m'a pas envoyée au
jardin, non, elle m'a renvoyée ici! Ah bien ! tant pis!..
Assez de couvent comme ça... maintenant je suis une
femme !... Tiens !

MADAME DE CÉRAN.

Votre conduite ne le prouve guère; madame de Saint-
Réault doit mourir d'inquiétude.

SUZANNE,

Oh ! le cours était presque fini; elle sera ici dans un
instant avec les autres et M. Bellac... Oh ! c'est lui qui a
parlé aujourd'hui !... Oh !

LA DUCHESSE, regardant Roger.

Hum !

SUZANNE.

Et ce que ces dames l'ont applaudi! Et il n'en manquait
pas à son cours, je vous en réponds!... Et dans des toilet-
tes!... Ça avait l'air d'un mariage à Sainte-Clotilde... Oh!
mais il a été... (Faisant claquer un baiser sur ses doigts.) superbe!

LA DUCHESSE, regardant Roger

Hum !

SUZANNE.

Superbe!... Aussi, il fallait entendre ces dames... « Ah! charmant! charmant!... » Madame de Loudan en poussait, des petits cris de cochon d'Inde... ah! ah! ah! Je ne l'aime pas. moi, cette femme-là!

LA DUCHESSE, regardant Roger

Hum! (A Suzanne.) Et alors, voilà les notes que tu prends au cours, toi?...

SUZANNE.

Moi?... oh! j'en prends d'autres. (A Roger.) Tu verras.

LA DUCHESSE, à Roger, prenant le cahier de notes que Suzanne a déposé sur la table en entrant.

On peut voir tout de suite. (Cinq heures sonnent.) Cinq heures! Oh! oh! et ma promenade! (Bas à Roger.) Eh bien, y vois-tu quelque chose... pour Bellac ?

ROGER.

Non, je...

LA DUCHESSE.

Cherche! examine! déchiffre! C'est un palimpseste qui en vaut bien un autre! Après tout, c'est ton métier...

ROGER.

Je n'y entends rien.

LA DUCHESSE.

Et c'est ton devoir!

MADAME DE CÉRAN, à part.

Que de temps perdu !

LA DUCHESSE, à part, regardant Roger.

Ça l'émoustille !

SUZANNE, à part, les regardant tous.

Qu'est-ce qu'ils ont donc ?

SCÈNE XII

ROGER, SUZANNE.

SUZANNE.

Comme tu me regardes !... Parce que je suis venue seule ?... Tu es fâché ?

ROGER.

Non, Suzanne, et pourtant vous devez comprendre...

SUZANNE.

Mais tu me dis vous ? ce n'est pas parce que tu es fâché ?

ROGER.

Non, et cependant...

SUZANNE.

Alors, c'est parce que tu trouves que je suis une femme, maintenant ?... hein ?... oui, n'est-ce pas ?.., dis-le !... oh ! dis-le... cela me fera tant de plaisir.

ROGER.

Oui, Suzanne, vous êtes une femme maintenant et c'est précisément pour cela qu'il faut vous observer davantage.

SUZANNE, se pressant contre lui.

C'est cela, gronde-moi, toi, je veux bien.

ROGER, la repoussant doucement.

Voyons, mettez-vous là!

SUZANNE.

Mais attends donc! tu me dis : vous; tu veux que je te dise vous aussi, alors ?

ROGER.

Cela vaudrait mieux.

SUZANNE.

Oh! que c'est amusant!... mais pas facile!

ROGER.

Il y a bien d'autres convenances auxquelles il faudra désormais vous astreindre, et c'est précisément là le reproche...

SUZANNE.

Oui, oui, oh! je sais : pas de tenue! monsieur Bellac me l'a assez dit.

ROGER.

Ah! monsieur...

SUZANNE.

Mais qu'est-ce que tu veux ?... pas moyen... ce n'est pas ma faute, va, je te jure, je vous jure... Tu vois, ce n'est pas facile; je m'étais pourtant bien promis qu'à ton... qu'à votre retour, tu me... vous... ah bien! je ne peux pas! tant pis! ce sera pour une autre fois; oui, je m'étais promis qu'à ton retour tu me retrouverais aussi raide que Lucy, et ce que je m'appliquais!... Voilà six mois que je m'applique... Et puis, tout à coup j'apprends que tu arrives... et patatras! six mois de perdus, je manque mon effet!

ROGER, d'un ton de reproche.

Je manque mon effet!

SUZANNE.

Ah! oui, je suis contente que tu sois revenu!... Je t'aime tant! mais tant! je t'adore!...

ROGER.

Suzanne! Suzanne! perdez donc l'habitude de vous servir de mots dont vous ne connaissez pas la portée.

SUZANNE.

Comment!... je ne connais pas!... mais je connais très bien!... je t'adore, je te dis. Est-ce que tu ne m'aimes pas, toi, avec ton air tout drôle?... Pourquoi as-tu un air tout drôle?.. N'est-ce pas que tu m'aimes mieux que Lucy?

ROGER.

Suzanne!

SUZANNE.

Bien sûr! Tu ne vas pas l'épouser?

ROGER.

Suzanne...

SUZANNE.

On me l'a dit.

ROGER.

Alluns!... allons!...

SUZANNE.

Alors pourquoi lui écris-tu?... oui, tu lui as écrit vingt sept lettres, à elle!... oh! je les ai comptées... vingt-sept

4

ROGER.

C'était sur des choses...

SUZANNE.

Et encore une ce matin... toujours sur des choses, alors?
Qu'est-ce que tu lui écrivais, hein... ce matin ?

ROGER.

Mais tout simplement que j'arriverais jeudi.

SUZANNE.

Que tu arriverais jeudi ? que ça ! bien vrai ? Mais pourquoi
pas à moi, alors? Je t'aurais vu la première.

ROGER.

Mais ne vous ai-je pas écrit pendant mon absence ? et
souvent.

SUZANNE.

Oh ! souvent... dix fois ! et encore des petits mots de rien
du tout, au bas d'une page comme à un baby. Je ne suis plus
un baby, va, j'ai bien réfléchi pendant ces six mois; j'ai
appris des choses !. .

ROGER.

Quoi ?... quelles choses ? (Suzanne se penche sur son épaule et
pleure.) Suzanne, qu'avez-vous ?

SUZANNE, essuyant ses yeux en voulant rire.

Ah ! et puis j'ai travaillé !... oh ! mais beaucoup ! Tu
sais, mon piano... l'horrible piano... Eh bien, je joue du
Schumann, maintenant; c'est raide, hein ?

ROGER.

Oh !...

SUZANNE.

Veux-tu que je t'en joue ?

ROGER.

Non, plus tard.

SUZANNE.

Tu as joliment raison ! Et puis je suis devenue savante.

ROGER.

Oui, vous suivez les cours de M. Bellac ; c'est M. Bellac qui m'a remplacé, alors ?

SUZANNE.

Oui. Ah ! il a été bon ! Oh ! je l'aime bien aussi.

ROGER.

Ah !

SUZANNE, vivement.

Tu es jaloux de lui ?

ROGER.

Moi !...

SUZANNE.

Oh ! dis-le, je comprends ça ! Je suis si jalouse, moi !... oh !... mais toi, pourquoi ? Toi et un autre, ce n'est pas la même chose... Est-ce que tu n'es pas mon père, toi ?

ROGER.

Permettez, votre père...

SUZANNE.

Mais qu'est-ce que tu as donc ? Voyons, câline-moi un peu, comme autrefois.

ROGER.

Comme autrefois, non.

SUZANNE.

Si !... si !... comme autrefois.

Elle va pour l'embrasser.

ROGER.

Suzanne, ah ! non, plus cela.

SUZANNE.

Pourquoi ?

ROGER.

Allez-vous-en, voyons. Tss ! tss ! tss !

Il s'assied sur le canapé.

SUZANNE.

J'aime bien quand tu fais : tss ! tss! tss !

ROGER, même jeu.

Soyez raisonnable.

SUZANNE.

Ah !... assez de raison pour aujourd'hui.

Elle lui ébouriffe les cheveux en riant.

ROGER.

Allez-vous-en !... Une grande fille !...

SUZANNE, jalouse.

Oh! si c'était Lucy...

ROGER.

Voyons, va-t'en !

SUZANNE.

Tu m'as dit : tu. Un gage.

Elle s'assied sur ses genoux et l'embrasse.

ROGER.

Suzanne, encore une fois !...

SUZANNE

Oui, encore une fois.

Elle l'embrasse.

ROGER la repousse et se lève.

C'est intolérable !

SUZANNE.

Je suis taquine, hein ? Bah ! je vais te chercher mes cahiers, ça nous raccommodera... (Elle s'arrête à la porte et regarde.) Ah ! voilà ces dames et M. Bellac ! Comment ! Lucy est décolletée ! Attends un peu.

Elle sort en courant.

ROGER, seul, très agité.

Intolérable !...

SCÈNE XIII

ROGER, LA DUCHESSE.

LA DUCHESSE.

Eh bien ?

ROGER.

Eh bien ?

LA DUCHESSE.

Comme tu es ému !

ROGER.

Eh bien !. . Elle a été très affectueuse... trop peut-être !

LA DUCHESSE.

Je t'engage à te plaindre... Alors, tu n'as rien trouvé ?
Moi j'ai trouvé ça...

Elle tire un portrait-carte du cahier de notes de Suzanne

ROGER.

La photographie ?...

LA DUCHESSE.

Du professeur... oui...

ROGER.

Dans son cahier !

LA DUCHESSE, légèrement.

Oui, mais ceci...

ROGER.

Ah ! permettez, ceci...

LES DAMES, du dehors.

Admirable, cette leçon !.. Magnifique !

LA DUCHESSE.

Le voilà, le bel objet ! avec ses gardes du corps !

SCÈNE XIV

LES MÊMES, BELLAC, MADAME ARRIÉGO
MADAME DE LOUDAN, MADAME DE SAINT
RÉAULT, MADAME DE CÉRAN, LUC,

MADAME DE SAINT-RÉAULT.

Superbe ... il a été superbe !

BELLAC.

Madame de Saint-Réault, épargnez-moi!

MADAME DE LOUDAN.

Idéal!... vous entendez? Idéal!...

BELLAC.

Marquise!...

MADAME ARRIÉGO.

Beau!... beau!... beau!... Oh! je suis passionnée!

BELLAC.

Madame Arriégo! voyons!

MADAME DE LOUDAN.

Enfin, Mesdames, disons le mot : Il a été... dangereux ! mais n'est-ce pas son péché d'habitude?

BELLAC.

De grâce, madame de Loudan.

MADAME DE LOUDAN.

Oh! d'abord, moi, je suis folle de votre talent, oui, oui, folle! et de vous aussi!... Oh! je ne m'en cache pas! Je le dis partout! cyniquement... Vous êtes un des dieux de mon Olympe!... c'est du fétichisme!...

MADAME ARRIÉGO.

Vous savez que j'ai un autographe de lui dans mon médaillon. (Elle montre son cou.) Là.

MADAME DE LOUDAN, montrant sa poitrine.

Et moi, une de ses plumes, là!

LA DUCHESSE, à Roger.

Vieilles chattes!...

MADAME DE LOUDAN, à madame de Céran.

Ah! Comtesse, comment n'étiez-vous pas à ce cours?

MADAME DE CÉRAN, présentant Roger.

Voici mon excuse! Mon fils, Mesdames.

LES DAMES.

Ah! Comte!

MADAME DE LOUDAN.

Voilà donc l'exilé de retour!

ROGER, saluant.

Mesdames!

MADAME DE CÉRAN, présentant Bellac à son fils.

Monsieur Bellac... le comte Roger de Céran.

MADAME DE LOUDAN.

Je reconnais que l'empêchement était inéluctable... mais vous, Lucy, vous.

LUCY.

Moi; j'avais affaire ici.

MADAME DE LOUDAN

Vous absente, il lui manquait sa muse.

BELLAC, galamment.

Ah! Marquise, je pourrais vous répondre : vous en êtes une autre.

MADAME DE LOUDAN.

Il est charmant. (A Lucy.) Ah! vous ne savez pas ce que
vous avez perdu.

LUCY.

Oh! je sais..

MADAME ARRIÉGO.

Non! elle ne le sait pas! une flamme! une passion!

MADAME DE LOUDAN.

Une suavité de parole! une délicatesse de pensée!

BELLAC.

Devant un pareil auditoire, qui ne serait éloquent?

LA DUCHESSE.

Et de quoi a-t-il parlé aujourd'hui?

TOUTES.

De l'amour!!

LA DUCHESSE, à Roger.

Bien entendu!

MADAME ARRIÉGO.

Et comme un poète!

MADAME DE LOUDAN.

Et comme un savant! un psychologue doublé d'un rêveur!
une lyre et un scalpel!... C'était... Ah ! il n'y a qu'une chose
que je n'accepte pas, c'est que l'amour ait sa raison dans
l'instinct.

BELLAC.

Mais, Marquise, je parlais...

MADAME DE LOUDAN.

Ah! cela, non! non!

BELLAC.

Je parlais de l'amour dans la nature.

MADAME DE LOUDAN.

L'instinct, pouah! Mesdames, aidez-moi, défendons-nous!
Lucy!

BELLAC.

Vous tombez mal, Marquise, miss Watson tient pour
l'instinct.

MADAME DE SAINT-RÉAULT.

Est-il possible, Lucy!

MADAME DE LOUDAN.

L'instinct!

MADAME ARRIÉGO.

Dans l'amour!

MADAME DE LOUDAN.

Mais c'est voler à l'âme son plus beau fleuron; mais il
n'y a plus ni bien, ni mal alors, Lucy...

LUCY, froidement.

Il ne s'agit ici, ni du bien, ni du mal, Madame, mais
de l'existence même de l'espèce.

LES DAMES, protestant.

Oh!

LA DUCHESSE, à part.

Décidement, elle est pratique!

MADAME DE LOUDAN, avec indignation.

Tenez, vous dénimbez l'amour!

LUCY.

Hunter et Darwin...

MADAME DE LOUDAN.

Non! non! non! Personne mieux que moi ne connaît les fatalités du corps! La matière nous domine, nous oppresse, je le sais! je le sens! mais laissez-nous au moins le refuge psychique des pures extases!

BELLAC.

Mais, Marquise...

MADAME DE LOUDAN.

Taisez-vous! vous êtes un vilain! Je ne veux pas frapper mon Dieu! ce serait un sacrilège, mais je vous boude.

LA DUCHESSE, à part.

Petite follette!

BELLAC.

Nous nous réconcilierons, je l'espère, quand vous lirez mon livre.

MADAME DE LOUDAN.

Mais quand? mais quand? Oh! ce livre, le monde entier l'attend! et il n'en veut rien dire, pas même le titre!

TOUTES.

Le titre, au moins, le titre!

MADAME ARRIÉGO.

Lucy! vous! insistez!

LUCY.

Eh bien ! le titre?

BELLAC, à Lucy, après un temps.

Mélanges !

MADAME DE LOUDAN.

Oh! que c'est joli!... mais quand! mais quand?

BELLAC.

J'en hâte la publication, comptant bien qu'elle me sera
un droit de plus à la place que je sollicite.

MADAME DE CÉRAN.

Vous sollicitez?

MADAME ARRIÉGO.

Que peut-il désirer encore?

MADAME DE LOUDAN.

Lui, le filleul des fées !

BELLAC.

Mon Dieu! ce pauvre Revel est au plus mal, vous le
savez. Et à tout événement, je l'avoue sans pudeur, j'ai
posé ma candidature à la direction de la Jeune École.

LA DUCHESSE, à madame de Céran.

Et de trois !

BELLAC.

Mesdames, le cas échéant, ce qu'à Dieu ne plaise, je
me recommande à votre toute-puissance.

LES DAMES.

Soyez tranquille, Bellac.

BELLAC, allant vers la duchesse.

Et vous, Duchesse, puis-je espérer?

LA DUCHESSE.

Oh! moi! mon cher monsieur, il ne faut rien me demander avant le dîner; la fatalité du corps me domine, comme dit madame de Loudan. (On entend une cloche.) Et tenez, voilà le premier coup, vous n'avez plus qu'un quart d'heure. Allez vous habiller, nous causerons de cela à table.

MADAME DE CÉRAN.

A table! mais monsieur Toulonnier n'est pas arrivé, Duchesse!

LA DUCHESSE.

Ah! c'est ça qui m'est égal, par exemple, à six heures précises, avec ou sans lui...

MADAME DE CÉRAN.

Sans lui! un secrétaire général !

LA DUCHESSE.

Oh! sous la République !

Suzanne entre avec ses cahiers sous le bras et va les poser sur la table de droite.

MADAME DE CÉRAN.

Je vais à sa rencontre. (A Bellac.) Mon cher professeur, on va vous montrer votre chambre.

Elle sonne, François entre.

BELLAC.

Inutile, Comtesse, j'ai ce bonheur de connaître le chemin. (Bas, à Lucy.) Vous avez reçu ma lettre?

LUCY.

Oui, mais...

Bellac lui fait signe de se taire, s'incline et sort par la porte d'appartement,
à droite.

MADAME DE LOUDAN.

Et nous, Mesdames, allons nous faire belles pour le
Dieu!

MADAME ARRIÉGO.

Allons !

MADAME DE CÉRAN.

Venez-vous avec moi, Lucy?

LUCY.

Volontiers, Madame.

MADAME DE LOUDAN.

Dans cette toilette? Vous ne redoutez pas la perfide
beauté des soirs de printemps, ma chère?

LUCY.

Oh! je n'ai pas froid.

MADAME DE LOUDAN.

Vous êtes une fille des brumes, c'est vrai. Pour moi,
j'ai grand'peur de ces humidités bleues.

Elle sort avec madame Arriégo par la porte d'appartement, à gauche. Au moment où
Lucy va suivre madame de Céran dans le jardin, elle est arrêtée par François.

FRANÇOIS, à Lucy.

Je ne trouve toujours pas ce papier rose, Miss.

SUZANNE, ramassant un papier rose qu'elle vient de faire tomber de la table en
dérangeant les papiers qui l'encombrent pour y poser ses cahiers, et à part.

Un papier rose!

Elle le regarde.

LUCY.

Ah! oui, la lettre de ce matin.

SUZANNE, à part, la cachant vivement derrière elle.

La lettre de ce matin !

LUCY, s'en allant.

Oh! bien! ne cherchez plus, c'est inutile.

Elle sort par la porte du jardin. François sort derrière elle.

SCÈNE XV

LA DUCHESSE, ROGER, SUZANNE.

SUZANNE, à part, regardant Lucy puis Roger.

La lettre de ce matin !

LA DUCHESSE.

Comment! tu n'es pas encore prête, toi non plus? Mais qu'est-ce que tu viens faire ici?

Suzanne regarde Roger sans répondre.

ROGER, à la duchesse.

Ah! ce sont ses cahiers. Donnez, Suzanne. (Il va à elle, Suzanne lui tend ses cahiers en le regardant toujours, sans parler.) Qu'est-ce qu'elle a?

LA DUCHESSE.

Voyons un peu ces cahiers !

Roger va à la duchesse assise à gauche. Suzanne, à droite près de la table, essaie de déplier sans être vue le papier qu'elle tient de la main gauche.

ROGER, regardant Suzanne, et à part, avec étonnement.

C'est singulier.

LA DUCHESSE, à Roger, l'attirant à elle.

Mais plus près donc ! Ah ! dame, mes yeux !...

ROGER baisse les cahiers tout en regardant furtivement Suzanne, et tout d'un coup il saisit le bras de la duchesse. Bas.

Ma tante !

LA DUCHESSE, bas, à Roger.

Qu'est-ce qui te prend ?

ROGER.

Regardez ! Ne levez pas la tête. Elle cherche à lire quelque chose ! Une lettre ! Voyez-vous ? elle se cache ; voyez-vous ?

LA DUCHESSE.

Oui !

SUZANNE, qui a ouvert le papier, lisant.

« J'arriverai jeudi. » (Avec étonnement.) De Roger ! Sa lettre de ce matin à Lucy ! (Elle regarde le papier.) Mais pourquoi écrit comme ça renversé et pas signé ? (Elle lit.) « Le soir, à dix heures, dans la serre. Ayez la migraine. » Ah !

LA DUCHESSE.

Mais qu'est-ce que ça peut être ? (Appelant.) Suzanne !

SUZANNE, surprise, met la main qui tient la lettre derrière son dos et se retournant vers la duchesse.

Ma tante?

LA DUCHESSE.

Qu'est-ce que tu lis donc là?

SUZANNE.

Moi, ma tante? Rien...

LA DUCHESSE.

Il me semblait... Viens donc ici.

SUZANNE, glissant la lettre sous les livres de la table contre laquelle elle est appuyée avec sa main gauche qu'elle tient derrière son dos.

Oui! ma tante!...

Elle marche vers la duchesse.

LA DUCHESSE, à part.

Ah! mais voilà qui est curieux, par exemple.

SUZANNE, près de la duchesse.

Qu'est ce que vous voulez, ma tante?

LA DUCHESSE.

Va donc me chercher un manteau.

SUZANNE, hésitant.

Mais...

LA DUCHESSE.

Tu ne veux pas?

SUZANNE.

Si..., si, ma tante.

5

LA DUCHESSE.

Là, dans ma chambre. Va! (Suzanne sort. A Roger). Sur la table, vite !

ROGER.

Quoi?

LA DUCHESSE.

La lettre! cachée! Je l'ai vue!

ROGER.

Cachée !...

Il va à la table et cherche.

LA DUCHESSE.

Oui, dans le coin, là, sous le livre noir! Tu ne vois rien?

ROGER.

Non... Ah ! si !... Un papier rose! (Il prend la lettre et l'apporte en lisant, à la duchesse.) Oh !

LA DUCHESSE.

Quoi donc?

ROGER, lisant.

« J'arriverai jeudi. » De Bellac!

LA DUCHESSE, lui arrachant la lettre et la regardant

De !... Mais ce n'est pas signé! Et l'écriture. .

ROGER.

Renversée, oui. Oh! le monsieur est prudent! Mais « j'arriverai jeudi » c'est lui ou moi!

LA DUCHESSE, lisant.

« Le soir à dix heures dans la serre. Ayez la migraine ! » Un rendez-vous! (Lui tendant la lettre.) Vite ! vite ! remets-la! Je l'entends.

ROGER, troublé.

Oui...

Il remet la lettre où il l'a prise.

LA DUCHESSE.

Et reviens maintenant.

ROGER, toujours troublé.

Oui, oui !

LA DUCHESSE.

Vite donc ! vite ! (Roger reprend sa place auprès de sa tante.) Et du calme ! la voilà !... (Suzanne rentre. Haut, en feuilletant les cahiers.) Eh bien ! mais, c'est très bien cela, très bien !

SUZANNE.

Voici votre manteau, ma tante.

LA DUCHESSE.

Merci, mon enfant. (Bas à Roger.) Parle donc, toi.

Suzanne va à la table, reprend la lettre et y jette encore les yeux en se détournant comme auparavant, pendant que Roger parle.

ROGER, troublé.

Il y a, en effet, là... des progrès étonnants... et... je m'étonne... (Bas à la duchesse, montrant Suzanne.) Ma tante !

LA DUCHESSE, bas.

Oui, elle l'a reprise, je l'ai vue. (On entend la cloche, haut.) Le second coup ! Mais va donc t'habiller, Suzanne, tu ne seras jamais prête !

SUZANNE, à part, regardant Roger.

Un rendez-vous ! à Lucy ! Oh !

Elle marche sur Roger sans rien lui dire et, le regardant toujours, lui prend des mains ses cahiers, les déchire, les jette à terre avec colère et sort.

SCÈNE XVI

LA DUCHESSE, ROGER.

ROGER, stupéfait, se tournant vers la duchesse.

Ma tante ?

LA DUCHESSE.

Un rendez-vous !

ROGER.

De Bellac !

LA DUCHESSE.

Allons donc !...

ROGER, se laissant tomber sur un siège.

Je n'ai plus ni bras, ni jambes !

On entend des voix au dehors ; la porte du fond s'ouvre.

LA DUCHESSE, regardant au dehors.

Et voilà le Toulonnier ! et tout le monde ! et le dîner !...
Tiens, va mettre ton habit, ça te calmera, tu es pâle...

ROGER.

Suzanne, ce n'est pas possible, enfin !

Il sort.

LA DUCHESSE.

Eh ! non, ce n'est pas possible... et cependant !...

SCÈNE XVII

LA DUCHESSE, MADAME DE CÉRAN, TOULONNIER, SAINT-RÉAULT, MADAME DE SAINT-RÉAULT ; peu après, LUCY, MADAME DE LOUDAN, MADAME ARRIÉGO, entourant BELLAC.

MADAME DE CÉRAN, présentant Toulonnier à la duchesse.

Monsieur le secrétaire général, ma tante.

TOULONNIER, saluant.

Madame la Duchesse !

LA DUCHESSE.

Ma foi, mon cher monsieur Toulonnier, j'allais dîner sans vous.

TOULONNIER.

Excusez-moi, madame la Duchesse, mais les affaires ! Nous sommes littéralement débordés. Vous voudrez bien me permettre de me retirer de bonne heure, n'est-ce pas

LA DUCHESSE.

Comment donc ? Avec plaisir.

MADAME DE CÉRAN, embarrassée.

Hum ! Ah ! Monsieur Bellac !

TOULONNIER, à qui madame de Céran présente Bellac.

Monsieur !

Bellac et lui se serrent la main et causent.

MADAME DE CÉRAN, revenant à la duchesse.

Ménagez-le, ma tante, je vous en prie.

LA DUCHESSE.

Ton républicain? Allons donc! Un homme qui nous donne vingt minutes, comme le roi! A-t-on idée de cela?

MADAME DE CÉRAN.

Au moins, vous accepterez son bras pour aller à table?

LA DUCHESSE.

Pas du tout! Garde-le pour toi! Je prendrai le petit Raymond, moi; c'est plus gai.

ROGER, arrivant habillé et effaré, à la duchesse.

Ma tante?

LA DUCHESSE.

Qu'est-ce qu'il y a encore? Quoi?

ROGER.

Oh! mais une chose!... Je viens d'entendre dans le corridor!... En haut... Oh! c'est à ne pas croire!

LA DUCHESSE.

Mais quoi?

ROGER.

Je n'ai vu personne, mais j'ai entendu positivement!...

Raymond et Jeanne entrent furtivement.

LA DUCHESSE.

Mais quoi? Mais quoi?

ROGER.

Eh bien, le bruit d'un baiser, là!

LA DUCHESSE, bondissant.

D'un...

ROGER.

Oh! je l'ai entendu !

LA DUCHESSE.

Mais qui?...

MADAME DE CÉRAN, présentant Raymond à Toulonnier.

Monsieur Paul Raymond, sous-préfet d'Agenis.

Ils se saluent.

RAYMOND.

Monsieur le secrétaire général, (Présentant Jeanne.) madame Paul Raymond.

Suzanne entre décolletée.

MADAME DE LOUDAN, voyant Suzanne.

Oh! oh!

BELLAC.

Ah! voilà ma jeune élève.

Légers murmures d'étonnement.

ROGER, à la duchesse.

Ma tante, voyez donc, décolletée! mais c'est épouvantable!

LA DUCHESSE.

Je ne trouve pas... (A part.) Elle a pleuré.

FRANÇOIS, annonçant.

Madame la duchesse est servie.

ROGER, allant à Suzanne qui cause avec Bellac.

Oh! je veux savoir!... (Lui offrant son bras.) Suzanne!

Suzanne le regarde fièrement et prend le bras de Bellac qui parle à Lucy.

BELLAC, à Suzanne.

Voilà qui va me faire bien des envieux, Mademoiselle.

ROGER, à lui-même.

Oh! c'est trop fort!

Il va offrir son bras à Lucy.

LA DUCHESSE, à part.

Qu'est-ce que tout cela signifie? (Haut.) Allons, Raymond, votre bras. (Raymond vient près d'elle.) Ah! dame, il faut souffrir pour être préfet, mon ami.

PAUL.

La pénitence est douce, Duchesse.

LA DUCHESSE.

Vous vous mettrez à côté de moi, à table, nous dirons du mal du gouvernement.

PAUL.

Oh! Duchesse! moi, un fonctionnaire, en dire! Oh! non.. mais je peux en entendre!

ACTE DEUXIÈME

Même décor qu'au premier acte.

SCÈNE PREMIÈRE

SAINT-RÉAULT, BELLAC, TOULONNIER, ROGER, PAUL RAYMOND, MADAME DE CÉRAN, MADAME ARRIÉGO, MADAME DE LOUDAN, LA DUCHESSE, SUZANNE, LUCY, JEANNE.

Tout le monde est assis et rangé pour écouter Saint-Réault qui termine sa lecture.

SAINT-RÉAULT.

Et qu'on ne s'y trompe pas! Si profondes dans leur étrangeté qu'apparaissent ces légendes, ce ne sont, comme l'écrivait, en 1834, mon illustre père, ce ne sont que de pauvres imaginations comparées aux conceptions surhumaines des Brahmanas recueillis dans les Oupanischas, ou bien aux dix-huit Paranas de Vyasa, le compilateur de Védas.

JEANNE, bas, à Paul.

Tu dors?

PAUL.

Non, non... j'entends comme un vague auvergnat.

SAINT-RÉAULT, continuant.

Tel est, en termes clairs, le concretum de la doctrine boudhique, et c'est par là que je voulais terminer.

Bruit. — On se lève.

PLUSIEURS VOIX, faiblement.

Très bien! Très bien!

SAINT-RÉAULT.

Et maintenant...

Silence subit. On va se rasseoir.

SAINT-RÉAULT.

Et maintenant...

Il tousse.

MADAME DE CÉRAN, avec empressement.

Vous êtes fatigué, Saint-Réault?

SAINT-RÉAULT.

Mais non, Comtesse.

MADAME ARRIÉGO.

Si! vous êtes fatigué; reposez-vous, nous attendrons!

PLUSIEURS VOIX.

Oui! reposez-vous! reposez-vous!

MADAME DE LOUDAN.

Vous ne sauriez planer toujours! Reprenez terre, Baron.

SAINT-RÉAULT.

Merci, mais... D'ailleurs, j'avais fini!

Tout le monde se lève.

PLUSIEURS VOIX, dans le bruit.

Très intéressant! Un peu obscur! Très bien! Trop long!

BELLAC, aux dames.

Matérialiste! Trop matérialiste!...

PAUL, à Jeanne.

C'est un four!

SUZANNE, très haut.

Monsieur Bellac!

BELLAC.

Mademoiselle?

SUZANNE.

Venez donc à côté de moi.

Bellac va vers elle.

ROGER, bas.

Ma tante!

LA DUCHESSE, de même.

C'est-à-dire qu'elle a l'air de le faire exprès, positivement!

SAINT-RÉAULT, revenant à la table.

Plus qu'un mot! (Étonnement. On se rassied dans un silence consterné.) ou, pour mieux m'exprimer, un vœu. — Ces études, dont, malgré les limites étroites et la forme légère que mon genre d'auditoire m'imposait.....

LA DUCHESSE, à part.

Eh bien! il est poli!

SAINT-RÉAULT.

...on aura peut-être entrevu l'immense portée, ces études, dis-je ont eu, en 1821, il y a tantôt soixante ans, pour initia eur... je vais plus loin, pour inventeur, — l'homme de génie dont j'ai le pesant honneur d'être le fils...

PAUL, à Jeanne.

Il en joue du cadavre, celui-là.

SAINT-RÉAULT.

Dans la voie qu'il avait tracée, je l'ai suivi moi-même, et, non sans éclat, j'ose le dire. Un autre, enfin, après nous, a tenté, comme nous, d'arracher quelques mots de l'éternelle vérité au sphinx jusqu'à nous impénétré des théogonies primitives... j'ai nommé Revel, un savant considéré, un homme considérable. Mon illustre père est mort, Revel, bientôt, l'aura suivi dans la tombe... s'il ne l'a fait déjà. Je reste donc seul sur cette terre nouvelle de la science dont Guillaume Eriel de Saint-Réault, mon père, a été le premier occupant! Seul! (Regardant Toulonnier.) Puissent nos gouvernants; puissent les dépositaires et dispensateurs du pouvoir, à qui incombe la périlleuse mission de choisir un successeur au confrère regretté que nous aurons a pleurer demain, peut-être; puissent ces hommes éminents Regardant Bellac qui parle à Toulonnier.), en dépit des sollicitations plus ou moins légitimes qui les assiègent, faire un choix éclairé, impartial, — et déterminé uniquement par la triple autorité de l'âge, des aptitudes et des droits acquis, un choix digne, enfin, de mon illustre père, et de la grande science qui est son œuvre, et que je suis, je le répète, seul à représenter aujourd'hui.

Tout le monde se lève. On applaudit, grand mouvement. Bourdonnement de salon. Les domestiques entrent et circulent portant des plateaux et pendant ce temps

VOIX DISTINCTES, dans ce bruit.

Très bien! bravo! bravo!

PAUL.

Ah! ça, c'est plus clair, à la bonne heure.

MADAME DE CÉRAN.

C'est une candidature à la succession Revel.

BELLAC.

A l'Académie, à la Jeune École, à tout !

MADAME DE CÉRAN, à part.

Je m'en doutais bien.

LE DOMESTIQUE, annonçant :

Le général comte de Briais ! — Monsieur Virot !

LE GÉNÉRAL, baisant la main de madame de Céran.

Comtesse !

MADAME DE CÉRAN.

Ah ! Monsieur le sénateur...

VIROT, baisant la main de madame de Céran.

Madame la Comtesse.

MADAME DE CÉRAN, à Virot.

Et vous, mon cher député, trop tard! vous arrivez trop
tard !

LE GÉNÉRAL, galamment.

On arrive toujours trop tard dans votre salon, Comtesse !

MADAME DE CÉRAN.

Monsieur de Saint-Réault avait la parole : c'est tout dire !

LE GÉNÉRAL, à Saint-Réault en le saluant.

Oh ! oh ! que de regrets.

VIROT, lui prenant le bras et allant vers la gauche.

Et alors, si la chambre vote la loi, vous la rejetez?

LE GÉNÉRAL.

Mais certainement... au moins la première fois, que
diable! Le Sénat se doit bien cela!

VIROT.

Ah! la duchesse!

Ils vont la saluer.— Paul Raymond et Jeanne se glissent hors du salon, dans le jardin.

MADAME DE CÉRAN, à Saint-Réault.

C'est vrai, vous vous êtes surpassé aujourd'hui, Saint-
Réault.

MADAME ARRIÉGO.

Oui, oui, surpassé! Pas de plus bel éloge.

MADAME DE LOUDAN.

Ah! baron! baron! quel monde vous nous avez ouvert,
et qu'ils sont captivants ces premiers bégaiements de la
foi! Ah! votre Trinité boudhique!... d'abord, moi, j'en suis
folle!

LUCY, à Saint-Réault.

Excusez ma hardiesse, Monsieur, mais il me semble que
dans votre énumération des livres sacrés, il y a une
lacune.

SAINT-RÉAULT, piqué.

Vous croyez, Mademoiselle?

LUCY.

Je ne vous ai entendu citer ni le Mahabarata, ni le
Ramayana.

SAINT-RÉAULT.

C'est que ce ne sont pas des livres révélés, Mademoiselle, mais de simples poèmes, que leur ancienneté rend pour les Indous un objet de vénération, il est vrai, mais de simples poèmes.

LUCY.

Pourtant, l'Académie de Calcutta...

SAINT-RÉAULT, ironique.

Ah! c'est du moins l'opinion des Brahmes!.. Si vous en avez une autre...

SUZANNE, très haut.

M. Bellac?

BELLAC.

Mademoiselle!

SUZANNE.

Donnez-moi donc votre bras; je voudrais prendre l'air un instant.

BELLAC.

Mais... Mademoiselle!...

SUZANNE

Vous ne voulez pas?

BELLAC.

Mais, croyez-vous qu'en ce moment?...

SUZANNE.

Venez donc! Venez donc!

Elle l'entraîne. — Ils sortent.

ROGER, à la duchesse.

Ma tante! — Elle sort avec lui!

LA DUCHESSE.

Eh bien, suis-les. Attends, je vais avec toi. Aussi bien, j'ai besoin de marcher un peu ; il m'endormait avec son Brahma, ce vieux bonze

Ils sortent.

TOULONNIER, à Saint-Réault.

Plein de vues neuves et d'érudition... (Bas.) J'ai parfaitement compris l'allusion de la fin, mon cher baron ; mais elle était inutile. Vous savez bien que nous sommes tout à vous.

Ils se serrent la main.

MADAME DE CÉRAN, à Saint-Réault.

Pardon ! (Bas à Toulonnier.) Vous n'oubliez pas mon fils ?

TOULONNIER.

Je n'oublie pas plus ma promesse que la vôtre, Comtesse.

MADAME DE CÉRAN.

Vous aurez vos six voix au Sénat, c'est convenu ; mais, convenu aussi qu'après son rapport publié...

TOULONNIER.

Comtesse, vous savez bien que nous sommes tout à vous.

PAUL, à Jeanne, revenant du jardin, furtivement.

Je te dis qu'on nous a vus.

JEANNE.

Trop noir sous les arbres.

PAUL.

Déjà, avant le dîner, nous avons failli être ris. Deux fois, c'est trop ! Je ne veux plus.

JEANNE.

Ah ! m'as-tu promis de m'embrasser dans les coins, oui ou non ?

PAUL, animé.

Et toi, veux-tu être Préfète, oui ou non ?

JEANNE, animée aussi.

Oui, mais je ne veux pas être veuve.

Madame de Céran s'approche d'eux.

PAUL, bas, à Jeanne.

La comtesse !... (Haut.) Vraiment, Jeanne, — vous préférez le Bhagavata ?

JEANNE.

Mon Dieu ! mon ami, le Bhagavata...

MADAME DE CÉRAN.

Comment! Vous avez entendu quelque chose à toute cette science, Madame? Notre pauvre Saint-Réault m'a pourtant semblé ce soir particulièrement prolixe et obscur.

PAUL, à part.

La concurrence !

JEANNE.

Vers la fin, cependant, madame la comtesse, il a été assez clair.

MADAME DE CÉRAN.

Ah! oui, sa candidature : vous avez compris ?

JEANNE.

Et puis. la science qui repousse la foi, n'a-t-elle pas elle-même un peu besoin de foi ? a écrit M. de Maistre.

MADAME DE CÉRAN.

Très joli! — Il faut que je vous présente à quelqu'un qui vous sera très utile: Le général de Briais, le sénateur.

JEANNE.

Et le député, madame la comtesse?

MADAME DE CÉRAN.

Oh! le sénateur est plus puissant.

JEANNE.

Mais le député est peut-être plus influent?

MADAME DE CÉRAN.

Décidément, mon cher Raymond, vous avez eu la main heureuse... (Serrant la main de Jeanne.) — Et moi aussi. (A Jeanne. Soit! à tous les deux, alors!

PAUL, suivant Jeanne, qui suit madame de Céran, et bas :

Ange! ange!

JEANNE, de même.

Nous irons encore dans les coins?

PAUL.

Oui, ange! mais quand il y aura plus de monde... Tiens! pendant la tragédie.

LE DOMESTIQUE, annonçant.

Madame la baronne de Boines! — Monsieur Melchior de Boines.

LA BARONNE, à madame de Céran qui vient la recevoir.

Ah! ma chère, arrivé-je à temps?

MADAME DE CÉRAN.

Si c'est pour la science, il est trop tard ; — si c'est pour
la poésie, il est trop tôt. J'attends encore mon poète.

LA BARONNE.

Qui donc ?

MADAME DE CÉRAN.

Un inconnu.

LA BARONNE.

Jeune ?

MADAME DE CÉRAN.

Je n'en sais rien. Mais, j'en suis sûre... C'est son premier
ouvrage. C'est Gaïac qui me l'amène. Vous savez, Gaïac, du
Conservateur. Ils devaient être là à neuf heures... Je ne
comprends pas...

LA BARONNE.

Je bénéficierai du hasard. Mais ce n'est ni pour le savant ni pour le poète que je viens ; c'est pour lui, ma
chère, pour Bellac ; je ne le connais pas, figurez-vous. Il
paraît qu'il est si séduisant. La princesse Okolitch en est
folle, vous savez. Où est-il ? Oh ! montrez-le-moi, Comtesse.

MADAME DE CÉRAN.

Mais, je le cherche et je... (Voyant Bellac entrer avec Suzanne.)
Tiens !

LA BARONNE.

C'est lui qui entre là, avec mademoiselle de Villiers ?

MADAME DE CÉRAN, étonnée.

Oui.

LA BARONNE.

Ah! qu'il est bien, ma chère; qu'il est bien ! Et vous le laissez aller comme cela, avec cette petite?

MADAME DE CÉRAN, à part, regardant Suzanne et Bellac.

C'est singulier...

MELCHIOR.

Et Roger, comtesse, pourrai-je lui serrer la main !

MADAME DE CÉRAN.

En ce moment, j'en doute; il doit être en plein travail.

La Duchesse et Roger entrent.

MADAME DE CÉRAN, à part, en les voyant.

Hein ? Avec la duchesse. Mais que se passe-t-il donc ?

ROGER, à la Duchesse, très ému.

Eh bien ! Vous avez entendu, ma tante ?

LA DUCHESSE.

Oui, mais je n'ai pas vu.

ROGER.

C'était bien un baiser, cette fois !

LA DUCHESSE.

Et solide! Ah çà! qui est-ce qui s'embrasse donc comme ça, ici?

ROGER.

Qui ? Qui ?

LA DUCHESSE, voyant madame de Céran s'approcaer.

Ta mère !

MADAME DE CÉRAN.

Comment, Roger, tu n'es pas à ton travail ?

ROGER.

Non, ma mère, je...

MADAME DE CÉRAN.

Eh bien, et tes *tumuli ?*

ROGER.

J'ai le temps, je passerai la nuit, je... et puis à un jour près!...

MADAME DE CÉRAN.

Y penses-tu ? Le Ministre attend, mon enfant.

ROGER.

Eh ! ma mère, il attendra !

Il s'éloigne.

MADAME DE CÉRAN, stupéfaite.

Duchesse, qu'est-ce que cela signifie ?

LA DUCHESSE.

Dis-moi; est-ce qu'on ne doit pas nous lire quelque insanité ce soir, une tragédie, je ne sais quoi?

MADAME DE CÉRAN.

Oui.

LA DUCHESSE.

Eh bien! dans l'autre salon, ta lecture, n'est-ce pas? Débarrasse-moi celui-ci. J'en aurai besoin, et le plus tôt sera le mieux.

MADAME DE CÉRAN.

Mais pourquoi?..

LA DUCHESSE.

Je te dirai cela pendant la tragédie.

LE DOMESTIQUE, annonçan

M. le vicomte de Gaïac; M. Des Millets !

LA DUCHESSE.

Et tiens!... Justement, voilà ton poète !

MURMURES DES DAMES.

Le poète? c'est le poète! le jeune poète! Où donc? où donc?

GAIAC.

Que j'ai d'excuses à vous faire, Comtesse! Mais le journal m'a retenu. (Bas.) Je préparais le compte rendu de votre soi-rée. (Haut.) M. Des Millets, mon ami, le poète tragique, dont vous allez pouvoir tout à l'heure apprecier le talent.

DES MILLETS, saluant.

Madame la comtesse...

LA DUCHESSE, à Roger.

C'est ça le jeune poète? Eh bien, il est tout neuf.

MADAME ARRIÉGO, bas aux autres dames.

Affreux !

LA BARONNE, de même.

Tout gris !

MADAME DE SAINT-RÉAULT, de même.

Chauve !

MADAME DE LOUDAN, de même.

Pas de talent! Il est trop laid, ma chère !

MADAME DE CÉRAN, à Des Millets.

Nous sommes très heureux, mes invités et moi, Monsieur, de la faveur que vous voulez bien nous faire.

MADAME DE LOUDAN, s'approchant.

La virginité d'un succès, Monsieur! Quelle reconnaissance!

DES MILLETS, confus.

! Madame!...

MADAME DE CÉRAN.

alors, c'est votre premier ouvrage, Monsieur?

DES MILLETS.

Oh! j'ai fait des poèmes!

GAIAC.

Et couronnés par l'Académie, madame la comtesse... Nous sommes lauréat.

JEANNE, bas, à Paul, avec admiration.

Lauréat!...

PAUL, à Jeanne.

Mediocritas!

MADAME DE CÉRAN.

Et c'est la première fois que vous abordez le théâtre? Du reste, la maturité de l'âge garantit la maturité du talent.

DES MILLETS.

Hélas! madame la comtesse, il y a quinze ans que ma pièce est faite.

LES DAMES.

Quinze ans! Est-ce possible? Vraiment!

GAIAC.

Oh! c'est que Des Millets a la foi! Il faut soutenir ceux qui ont la foi, n'est-ce pas, Mesdames?

MADAME DE LOUDAN.

Oui, il a raison, certainement... Il faut encourager la tragédie, n'est-ce pas, général? la tragédie...

LE GÉNÉRAL, interrompant sa conversation avec Virot.

Hein? Ah! oui, la tragédie! Horace! Cinna! Il en faut!.. Certainement! Il faut une tragédie, pour le peuple... (A Des Millets.) Et peut-on savoir le titre?

DES MILLETS.

Philippe-Auguste!

LE GÉNÉRAL.

Très beau sujet! sujet militaire!... Et c'est en vers, sans doute?

DES MILLETS.

Oh! général!.. une tragédie!

LE GÉNÉRAL.

Et en plusieurs actes, probablement?

DES MILLETS.

Cinq!

LE GÉNÉRAL, très haut.

Ah! ah!.. (Doucement.) Tant mieux! Tant mieux!

JEANNE, bas à Paul.

Cinq actes! Quel bonheur! Nous aurons le temps de nous...

PAUL.

Chut!

MADAME DE LOUDAN.

Un travail de longue haleine!

MADAME DE SAINT-RÉAULT.

Grand effort!

MADAME ARRIÉGO.

Il faut encourager cela!..

On entend Suzanne rire..

MADAME DE CÉRAN.

Suzanne!

LA DUCHESSE, à madame de Céran.

Allons, emmène cette espèce d'Euripide... voyons, et son cornac, et tout le monde!

MADAME DE CÉRAN.

Eh bien, Mesdames, allons dans le grand salon pour la lecture. (A Des Millets.) Vous êtes prêt, Monsieur?

DES MILLETS.

A vos ordres, madame la comtesse.

PAUL, bas, à Jeanne.

Place aux jeunes!

MADAME DE CÉRAN.

Allons, Mesdames!

MADAME DE LOUDAN, l'arrêtant.

Oh! auparavant, Comtesse, je vous en supplie, laissez-nous exécuter notre petit complot, ces dames et moi. (Allant à Bellac, et d'un ton suppliant). M. Bellac?

BELLAC.

Marquise?

MADAME DE LOUDAN.

Nous implorons de vous une grâce.

BELLAC, gracieusement.

La grâce que vous me demandez n'égalera jamais la grâce que vous me faites en me la demandant.

TOUTES LES DAMES.

Oh! très joli!

MADAME DE LOUDAN.

Cette œuvre poétique va probablement absorber la soirée entière, elle en sera le dernier rayonnement. Dites-nous quelque chose auparavant. Oh! si peu que vous le voudrez! On ne taxe pas le génie!.. Mais, quelque chose!.. Parlez! Votre parole sera reçue comme la manne biblique!

SUZANNE.

Oui. Oh! monsieur Bellac!

MADAME ARRIÉGO.

Soyez bon!

LA BARONNE.

Nous sommes à vos pieds!

BELLAC, se défendant.

Oh! Mesdames!

MADAME DE LOUDAN.

Aidez-nous, Lucy; vous, sa muse! Demandez-le, vous!

LUCY.

Mais certainement, je le demande.

SUZANNE.

Et moi, je le veux !

MURMURES.

Oh ! oh !

MADAME DE CÉRAN.

Suzanne !

BELLAC.

Du moment qu'on emploie la violence...

MADAME DE LOUDAN.

Ah ! il consent ! Un fauteuil ?

Grand mouvement des dames autour de lui

MADAME ARRIÉGO.

Une table ?

MADAME DE LOUDAN.

Voulez-vous qu'on se recule ?

MADAME DE CÉRAN.

Un peu de place, Mesdames !

BELLAC.

Oh ! je vous en prie, rien qui rappelle...

VIROT, au général.

Ah ! mais, prenez garde ; la loi est populaire.

TOUS.

Chut !

BELLAC.

Je vous en supplie, pas de mise en scène... rien qui
dénonce...

VIROT.

Eh bien ! oui. Mais les électeurs ?...

LE GÉNÉRAL.

Je suis inamovible !

LES DAMES.

Chut! Chut donc! Ah! général!

BELLAC.

Rien qui sente la leçon, la conférence, le pédantisme. Je vous supplie, Mesdames, causons; interrogez-moi, simplement.

MADAME DE LOUDAN, les mains jointes.

Oh ! Bellac ! Quelque chose de votre livre?

MADAME ARRIÉGO, de même.

Oui, de son livre !

LA BARONNE, de même.

De votre livre, oui!

SUZANNE, de même.

Oh! monsieur Bellac!

BELLAC.

Irrésistibles prières! Pourtant souffrez que j'y résiste. Avant d'être à tout le monde... mon livre ne sera à personne.

MADAME DE LOUDAN, avec intention.

Pas même... à une seule personne?

BELLAC.

Ah! Marquise, comme disait Fontenelle à madame de Coulanges : « Prenez garde! il y a peut-être là un secret. »

TOUTES LES DAMES.

Ah! charmant! Ah! charmant!

LA BARONNE, bas à madame de Loudan.

Il a beaucoup d'esprit.

MADAME DE LOUDAN, de même.

Il a mieux que de l'esprit.

LA BARONNE, de même.

Quoi donc?

MADAME DE LOUDAN, de même.

Des ailes! vous verrez, des ailes!

BELLAC.

Ce n'est ni le lieu, ni l'heure, du reste, vous en conviendrez, Mesdames, d'approfondir quelques-uns de ces éternels problèmes où se plaisent les âmes de haut vol, comme les vôtres, que tourmentent incessamment les mystérieuses énigmes de la vie et de « l'au delà »..

LES DAMES.

Ah! « l'au delà! » ma chère, « l'au delà! »

BELLAC.

Mais, ceci réservé, je suis à vos ordres. Et tenez, précisément, il me revient à la pensée une de ces questions toujours agitées, jamais résolues, sur laquelle je vous demanderai la permission de m'affirmer en deux mots.

LES DAMES.

Oui, oui! parlez!

BELLAC, s'asseyant.

Je parlerai donc, visant un triple but : — vous obéir d'abord, Mesdames ; (Regardant madame de Loudan.) ramener une amie égarée...

MURMURES DES DAMES.

C'est madame de Loudan.

LA BARONNE, bas, à madame de Loudan, qui baisse les yeux modestement.

C'est vous, ma chère.

BELLAC, regardant Lucy.

Et combattre une adversaire bien dangereuse... de toutes façons.

MURMURES DES DAMES.

C'est Lucy! Lucy! Lucy!...

BELLAC.

Il s'agit de l'amour!

LES DAMES.

Ah! ah!

LA DUCHESSE, à part.

Pour changer!

SUZANNE.

Bravo!

Légers murmures.

JEANNE, à Paul.

Elle va bien, la jeune fille!

BELLAC.

De l'amour! — Faiblesse qui est une force! — sentiment qui est une foi! la seule, peut-être, qui n'ait pas un athée!

LES DAMES.

Ah! ah! charmant!

MADAME DE LOUDAN, à la baronne.

Ses ailes, ma chère... voilà!

BELLAC.

J'avais été amené ce matin, à parler — chez la princesse, à propos de la littérature allemande, d'une certaine philosophie qui fait de l'instinct la base et la règle de toutes nos actions et de toutes nos pensées.

LES DAMES, protestant.

Oh! oh!

BELLAC.

Eh bien, je saisis cette occasion pour déclarer hautement que cette opinion n'est pas la mienne, et que je la repousse de toute l'énergie d'une âme fière d'être !...

LES DAMES.

Très bien ! A la bonne heure.

LA BARONNE, bas, à madame de Louden.

Quelle jolie main !

BELLAC.

Non, Mesdames, non ! L'amour n'est pas, comme le dit le philosophe allemand, une passion purement spécifique ; une illusion décevante dont la nature éblouit l'homme pour arriver à ses fins, non, cent fois non, si nous avons une âme !

LES DAMES.

Oui, oui !

SUZANNE.

Bravo !

LA DUCHESSE, bas, à Roger.

Elle le fait exprès, décidément.

BELLAC.

Laissons aux sophistes et aux natures vulgaires ces théories qui abaissent les cœurs ; ne les discutons même pas ; répondons-leur par le silence, ce langage de l'oubli !

LES DAMES.

Charmant !

BELLAC.

A Dieu ne plaise que j'aille jusqu'à nier l'influence souveraine de la beauté sur la chancelante volonté des hommes ! (Regardant autour de lui.) Je vois trop devant moi de quoi me réfuter victorieusement !...

LES DAMES.

Ah! ah!

ROGER, à la duchesse.

Il l'a regardée !

LA DUCHESSE.

Oui.

BELLAC.

Mais, au-dessus de cette beauté perceptible et périssable, il en est une autre, insoumise au temps, invisible aux yeux, et que l'esprit épuré seul contemple et aime d'un immatériel amour. Cet amour-là, Mesdames, c'est l'Amour, c'est-à-dire l'accouplement de deux âmes et leur envolement loin des fanges terrestres... dans l'infini bleu de l'idéal !

LES DAMES.

Bravo! bravo!

LA DUCHESSE, à elle-même un peu haut.

En voilà du galimatias.

BELLAC, la regardant.

Cet amour-là, raillé des uns, nié des autres, inconnu du
plus grand nombre, je pourrais dire, moi aussi, en frappant
sur mon cœur : et cependant il existe ! Chez les âmes
d'élite, a dit Proudhon...

QUELQUES VOIX, protestant.

Oh! oh! Proudhon...

MADAME DE LOUDAN.

Oh ! Bellac !

BELLAC.

Un écrivain que je m'étonne et m'excuse d'avoir à citer
ici... chez les âmes d'élite, l'amour n'a pas d'organes.

LES DAMES.

Ah! ah! très fin ! charmant !

LA DUCHESSE, éclatant.

Ah! bien, en voilà une bêtise, par exemple !

LES DAMES.

Oh! oh! Duchesse!

BELLAC, saluant la duchesse.

Et cependant, il existe ! De nobles cœurs l'ont ressenti,
de grands poètes l'ont chanté, et dans le ciel apothéotique
des rêves, on voit radieusement assises ces figures immor-
telles, preuve immaculée d'un immortel et psychique
amour : Béatrice... Laure de Noves...

LA DUCHESSE.

Laure ! Mais elle avait onze enfants, mon bon monsieur!

7

LES DAMES.

Duchesse !

LA DUCHESSE.

Onze ! Vous appelez cela psychique, vous ?

MADAME DE LOUDAN.

Ils n'étaient pas de Pétrarque, voyons, Duchesse ; il faut être juste.

BELLAC.

Héloïse...

LA DUCHESSE.

Ah ! celle-là...

BELLAC.

Et leurs sœurs d'hier : Elvire, Eloa ! et bien d'autres encore, ignorées ou connues : car elle est, plus qu'on ne le croit, nombreuse, la phalange des chastes et secrètes amours... J'en appelle à toutes les femmes !...

LES DAMES.

Ah ! ah ! comme c'est vrai, ma chère !

BELLAC.

Non ! non ! l'âme a son langage qui est à elle, ses aspirations, ses voluptés et ses tortures qui sont à elle, sa vie enfin. Et si elle est attachée au corps, c'est comme l'aile l'est à l'oiseau : pour l'élever aux cimes !

LES DAMES.

Ah ! ah ! ah ! bravo !

BELLAC, se levant.

Voilà ce que la science moderne doit comprendre.. (Regardant Saint-Réault.) elle qu'un matérialisme de plomb rive à la terre, et j'ajouterai, puisque notre vénérable maître et ami a fait tout à l'heure une allusion — un peu hâtive, peut-être — à une perte dont la science, je l'espère, n'aura pas sitôt à gémir, j'ajouterai... (Regardant Toulonnier à qui Saint-Réault parle en ce moment.) parlant, moi aussi, à nos gouvernants : Voilà ce qu'il devra enseigner à cette jeunesse que Revel instruisait de sa parole, celui, quel qu'il soit, qui sera choisi pour l'instruire après lui, et non pas seulement, j'en demande pardon à notre illustre confrère, non pas avec l'insuffisante autorité des droits acquis, de l'érudition et de l'âge, mais avec l'irrésistible puissance d'une voix jeune encore et d'une ardeur qui ne s'éteint pas !

TOUS.

Bravo! Charmant ! Exquis ! Délicieux!

Tout le monde se lève. — Bruits bourdonnants faisant la basse. — Les dames entourent Bellac.

LA DUCHESSE, à part.

Attrape, Saint-Réault !

PAUL, de même.

Deuxième candidature !

MADAME DE LOUDAN.

Ah ! monsieur Bellac !

SUZANNE.

Mon cher professeur !

LA BARONNE.

Quelle fête pour l'esprit!

MADAME ARRIÉGO.

C'est beau ! beau ! beau !

BELLAC.

Oh! Mesdames, je n'ai fait que rendre vos idées!

MADAME DE LOUDAN.

Ah! charmeur! charmeur!

BELLAC.

Alors, nous sommes réconciliés, Marquise?

MADAME DE LOUDAN.

Peut-on vous tenir rigueur? (Présentant la baronne.) Madame
la baronne de Boines, tenez, encore une que vous venez
de séduire et qui est toute à vous.

LA BARONNE.

J'ai pleuré, Monsieur!

BELLAC.

Oh! madame la baronne!

MADAME ARRIÉGO.

N'est-ce pas que c'est superbe?

LA BARONNE.

Superbe!...

SUZANNE.

Et comme il a chaud! (Bellac cherche son mouchoir.) Vous n'en
avez pas? Tenez!   Elle lui donne le sien.

BELLAC.

Oh! Mademoiselle!

MADAME DE CÉRAN.

Mais, Suzanne, y pensez-vous?

SUZANNE, à Bellac qui veut lui rendre son mouchoir.

Si, si, gardez-le, je vais vous chercher à boire.

MADAME DE LOUDAN, remontant vers la table devant laquelle a parlé
Saint-Réault et où se trouve le plateau à verres d'eau sucrée.

Oui, oui, à boire!

ROGER, bas à la duchesse.

Ma tante, voyez!

LA DUCHESSE, de même.

Tout ça... tout ça, c'est bien hardi pour être coupable.

BELLAC, bas, à Lucy.

Et vous, êtes-vous convaincue?

LUCY.

Oh! pour moi, le concept de l'amour... Non, plus tard...

BELLAC, de même.

Tout à l'heure?...

LUCY.

Oui. . Voulez-vous un verre d'eau?

Elle remonte.

MADAME DE LOUDAN, arrivant avec un verre d'eau.

Non!.. moi! que le dieu m'excuse!... c'est de l'eau
pure! Ah! le secret du nectar est perdu.

MADAME ARRIÉGO, arrivant avec un verre d'eau.

Un verre d'eau, monsieur Bellac?

MADAME DE LOUDAN.

Non, non... Choisissez le mien!... Moi!

MADAME ARRIÉGO.

Non... Moi!.. Moi!..

BELLAC, embarrassé.

Mais...

LUCY, lui tendant un autre verre d'eau.

Tenez!

MADAME DE LOUDAN.

Cela va être Lucy, j'en suis sûre... Oh! je suis jalouse!...
Non! moi! moi!..

SUZANNE, arrivant avec un autre verre d'eau et le lui imposant.

Pas du tout!... Ce sera moi!... Ah! ah! quatrième lar-
ron!...

LUCY

Mais, Mademoiselle!...

MADAME DE LOUDAN, à part.

Cette petite est d'une effronterie...

ROGER, à la duchesse, lui montrant Suzanne.

Ma tante!

LA DUCHESSE.

Mais, qu'est-ce qu'elle a?

ROGER.

C'est depuis l'arrivée de Bellac.

Les portes du fond s'ouvrent et le grand salon paraît éclairé.

LA DUCHESSE.

Enfin! (A madame de Céran.) Emmène ton monde, toi ; tu sais,
voilà le moment!

MADAME DE CÉRAN.

Allons, Mesdames, la lecture de notre tragédie! Passons dans le grand salon! Après quoi, nous irons prendre le thé dans la serre!

LUCY, BELLAC ET SUZANNE, à part.

Dans la serre!

ROGER, bas, à la duchesse.

Avez-vous vu Suzanne? Elle a fait un mouvement.

LA DUCHESSE, de même.

Bellac a remué positivement.

MADAME DE LOUDAN.

Allons, mesdames, la Muse nous appelle!

Tout le monde commence à passer lentement dans le grand salon du fond.

LE GÉNÉRAL, à Paul.

Comment, mon cher sous-préfet, trois ans!

MADAME DE CÉRAN.

Allons, Général !

LE GÉNÉRAL, qui cause avec Paul.

Ah! oui, Comtesse, oui, la tragédie!... Vous avez raison, il faut encourager cela!... Cinq actes, allons !...

JEANNE, bas, à Paul.

C'est convenu, a tout à l'heure!

PAUL, de même.

Mais oui!.. mais oui! C'est convenu.

LE GÉNÉRAL, revenant à Paul.

Trois ans, alors, sous-préfet à la même place? Et on dit que ce gouvernement n'est pas conservateur!

PAUL.

Oh! très joli, monsieur le sénateur, très joli!

LE GÉNÉRAL, modestement.

Oh!

TOULONNIER, à madame de Loudan.

C'est entendu, Marquise!... (A madame Arriégo.) A votre disposition, chère madame!

BELLAC, à Toulonnier.

Alors, monsieur le Secrétaire général, je puis donc espérer?...

TOULONNIER, lui donnant la main.

Mais, mon cher ami, cela vous revient de droit; vous savez bien que nous sommes tout à vous.

Ils sortent par le fond.

LE GÉNÉRAL, à Paul, en remontant.

Et quel est l'esprit de votre département, mon cher sous-préfet?... Vous devez le connaître, que diable! en trois ans!

PAUL.

Mon Dieu! Général, son esprit... je vais vous dire... son esprit... il n'en a pas! Ils sortent par le fond.

Suzanne frôle en passant les touches du piano ouvert avec un grand bruit.

MADAME DE CÉRAN, sévèrement, à Suzanne.

Ah! mais, Suzanne, en vérité!...

SUZANNE, d'un air étonné.

Quoi donc, ma cousine!

LA DUCHESSE, l'arrêtant et la regardant .. face.

Qu'est-ce que tu as?

SUZANNE, avec un sourire nerveux.

Moi!... Je m'amuse, tiens!

LA DUCHESSE.

Qu'est-ce que tu as?

SUZANNE.

Mais rien, ma tante, puisque je m'amuse, je vous dis.

LA DUCHESSE.

Qu'est-ce que tu as?

SUZANNE, avec un sanglot étouffé.

J'ai du chagrin, là!

Elle entre dans le grand salon et referme violemment les portes.

LA DUCHESSE, à elle-même.

C'est pourtant bien de l'amour, ou je ne m'y connais pas... Et je m'y connais!

SCÈNE II

ROGER, LA DUCHESSE, MADAME DE CÉRAN.

MADAME DE CÉRAN, à la duchesse.

Ah ça! voyons, qu'est-ce qu'il y a?... (A Roger.) Pourquoi n'es-tu pas à ton rapport? Qu'est-ce qui se passe, enfin?

ROGER.

Vous aviez trop raison, ma mère !

MADAME DE CÉRAN.

Suzanne ?..

ROGER.

Suzanne... et cet homme !...

LA DUCHESSE.

Tais-toi ! tu vas dire une bêtise.

ROGER.

Mais...

LA DUCHESSE, à madame de Céran

Voilà ! nous avons surpris dans ses mains une lettre.

MADAME DE CÉRAN.

De Bellac ?

LA DUCHESSE.

Je n'en sais rien !...

ROGER.

Comment !

LA DUCHESSE.

Écriture contrefaite, pas signée... Je n'en sais rien !..

ROGER.

Oui, oui... Oh! il ne se compromet pas... mais écoutez...

LA DUCHESSE, à Roger.

Tais-toi ! (A madame de Céran.) Écoute : « J'arriverai jeudi »...

ROGER.

Aujourd'hui ! Par conséquent, c'est lui ou moi !

LA DUCHESSE.

Mais tais-toi donc, à la fin!... « Jeudi ; le soir, à dix heures, dans la serre. »

ROGER.

« Ayez la migraine. »

LA DUCHESSE.

Ah ! oui. J'oubliais... « Ayez la migraine. »

MADAME DE CÉRAN.

Mais c'est un rendez-vous !

LA DUCHESSE.

Ça, c'est clair.

MADAME DE CÉRAN.

A elle !

LA DUCHESSE.

Ça, je n'en sais rien.

ROGER.

Oh ! je crois pourtant...

LA DUCHESSE.

Ah !... tu crois !... tu crois !... Quand il s'agit d'accuser une femme, tu entends !.. une femme ! il ne suffit pas de croire, il faut voir, et quand on a vu et bien vu et revu... Alors ! oh ! alors... Eh bien ! alors, ce n'est pas encore vrai ! Ah ! (A part.) C'est toujours bon à dire aux jeunes gens, ces choses-là !

MADAME DE CÉRAN.

Un rendez-vous ! Qu'est-ce que je disais ? Allons ! allons ! Elle ne dément pas son origine !.. Dans ma maison !.. Ah

la grisette!... Enfin, Duchesse, qu'allez-vous faire? Dites
vite! J'ai bien prié que l'on commençât sans moi; mais je
ne peux pas m'éterniser ici! Et tenez, c'est commencé;
j'entends le poète. Je vous en supplie, qu'allez-vous faire?

LA DUCHESSE.

Ce que je vais faire?... Mais, rester là... tout simplement...
Dix heures·moins le quart. Si elle va à ce rendez-vous, il
faudra qu'elle passe par ici, et je le verrai bien.

ROGER.

Et si elle y va, ma tante?

LA DUCHESSE.

Si elle y va, mon neveu? Eh bien! j'irai aussi, et sans
rien dire, et je verrai où ils en sont, et quand j'aurai vu où
ils en sont... alors comme alors, il sera temps d'agir.

ROGER, s'asseyant.

Soit! attendons.

MADAME DE CÉRAN.

Oh! toi, inutile, mon ami! Nous sommes là. Tu as ton
rapport, tes *tumuli*, toi, va!...

Elle le pousse vers la porte.

ROGER.

Permettez! ma mère, il s'agit...

MADAME DE CÉRAN, même jeu.

Il s'agit de ta place... Allons... Va... va!...

ROGER, résistant.

Pardonnez-moi de vous désobéir, mais...

MADAME DE CÉRAN.

Eh bien! Roger...

ROGER.

Ma mère, je vous en supplie... D'ailleurs, ce soir, il me serait impossible d'écrire une ligne... Je suis trop... Je ne sais pas... Je suis très troublé... J'ai le sentiment de ne pas avoir fait pour cette jeune fille ce que je devais faire. Je suis très ému... Mais, pensez donc, ma mère... Suzanne!... Mais, ce serait affreux!... Ma situation est épouvantable!...

LA DUCHESSE.

Allons... tu exagères!

ROGER, bondissant.

En vérité!

MADAME DE CÉRAN.

Roger! Y pensez-vous?

ROGER.

Mais je suis son tuteur, moi; mais j'ai charge d'âme!... Mais pensez donc à ma responsabilité! l'honneur de cette enfant!... Mais c'est un dépôt sacré dont j'ai la garde!... Mais j'aurais laissé voler sa fortune que je serais moins criminel! Et vous venez me parler de *tumuli!* Eh! les *tumuli!* les *tumuli!*... Il s'agit bien des *tumuli!* Au diable les *tumuli!*...

MADAME DE CÉRAN, terrifiée.

Oh!...

LA DUCHESSE, à part.

Tiens! tiens!

ROGER.

Mais c'est-à-dire que si c'est vrai, si ce misérable a osé manquer à tout ce qu'il devait à lui, à elle, à nous-mêmes... mais je vais droit à lui, et je le soufflette devant tout le monde... entendez-vous?...

MADAME DE CÉRAN.

Mon fils!

ROGER.

Oui, devant tout le monde!...

MADAME DE CÉRAN.

Mais, c'est de l'égarement!... Duchesse... pardonnez...

LA DUCHESSE.

Comment! Mais je l'aime bien mieux comme cela... tu sais...

MADAME DE CÉRAN.

Roger!

ROGER.

Non, ma mère, non!... Ceci me regarde... j'attendrai...

Il s'assied.

MADAME DE CÉRAN.

C'est bien... J'attendrai aussi.

ROGER.

Vous?

MADAME DE CÉRAN.

Oui, et je lui parlerai...

LA DUCHESSE.

Mais, prends garde!...

MADAME DE CÉRAN.

Oh! à mots couverts, soyez tranquille; mais, si elle per-
siste, ce sera du moins en connaissance de cause!... J'attendrai.

Elle s'assied.

LA DUCHESSE.

Et pas longtemps! Dix heures moins cinq! Si elle doit
avoir la migraine, cela ne va pas tarder. (La porte du salon
du fond s'ouvre doucement.) Chut!

ROGER.

La voilà!

A mesure que la porte s'ouvre, on entend le poète déclamer.

LE POÈTE, en dehors.

Je purgerai le sol de toute cette engeance!
Et, jusque dans la mort poursuivant ma vengeance,
Je ne reculerai, ni devant son tombeau...

Jeanne paraît. La voix s'éteint à mesure que la porte se ferme.

LA DUCHESSE, à part.

La sous-préfète!...

SCÈNE III

Les mêmes, JEANNE.

JEANNE, s'arrêtant interdite en les voyant.

Ah!...

LA DUCHESSE.

Venez donc! venez donc!... Eh bien, vous en avez déjà assez, il paraît?

JEANNE.

Moi, non, madame la duchesse... Mais, c'est que...

LA DUCHESSE.

C'est que vous n'aimez pas la tragédie, je vois cela...

JEANNE.

Si... oh! si.

LA DUCHESSE.

Oh! il ne faut pas vous en défendre, il y en a encore plus de dix-sept comme vous. (A part) Qu'est-ce qu'elle a donc? (Haut.) Alors, c'est mauvais, hein?

JEANNE.

Oh! au contraire.

LA DUCHESSE.

Au contraire, comme quand on vous marche sur le pied?

JEANNE.

Non! non!... Il y a même des choses... des... Il y a un joli vers !

LA DUCHESSE.

Déjà !

JEANNE.

Et qu'on a fort applaudi. (A part.) Comment faire?

LA DUCHESSE.

Ah! ah!... Et qu'est-ce qu'il dit, ce joli vers?

JEANNE.

« L'honneur est comme un dieu... C'est un dieu qui... » je craindrais de le déflorer en le citant mal.

LA DUCHESSE.

Eh! mais, gardez-le, mon enfant, gardez-le! Et vous vous en allez, malgré ce joli vers?

JEANNE.

Mon Dieu! c'est à mon grand regret. (A part.) Que dire?... (Prise par une idée.) Ah!... (Haut.) Mais je ne sais si c'est la fatigue du déplacement... ou la chaleur... je... je ne me sens pas très bien!...

LA DUCHESSE.

Ah!...

JEANNE.

Oui, j'ai les yeux... Je n'y vois plus clair... Je crois... je... j'ai la migraine!...

MADAME DE CÉRAN, LA DUCHESSE et ROGER, se levant.

La migraine?

8

JEANNE, effrayée, à part.

Qu'est-ce qu'ils ont donc?

LA DUCHESSE, après un silence.

Eh bien, ça ne m'étonne pas, c'est dans l'air.

JEANNE.

Ah! vous aussi?

LA DUCHESSE.

Moi! Oh!... ce n'est plus de mon âge, ça... Ah! vous avez la... Eh bien, mais, il faut soigner cela, mon enfant.

JEANNE.

Oui, je vais marcher un peu... Vous me pardonnez... n'est-ce pas?

LA DUCHESSE.

Allez donc... Allez donc!

JEANNE, se tenant la tête et s'en allant.

Cela me fait un mal... Ah! (A part.) Ça y est!... Ma foi, Paul saura bien s'en tirer.

> Elle sort par la porte du jardin.

SCÈNE IV

MADAME DE CÉRAN, LA DUCHESSE, ROGER.

LA DUCHESSE, à Roger.

Ah! ah! tu crois, hein? Dis donc, tu crois!

ROGER.

Eh! ma tante, ceci n'est qu'un hasard!

LA DUCHESSE.

Un hasard, c'est possible ; mais tu vois comme on peut faire fausse route, et qu'il ne faut jamais... (La porte du salon s'ouvre ; même effet que la première fois.) Ah! ah! cette fois!

VOIX du poète DES MILLETS, qu'on entend par la porte entr'ouverte et qui diminue à mesure que la porte se referme.

Et quand ils seraient cent, et quand ils seraient mille...

LA DUCHESSE.

A-t-il une voix, ce vieux Tyrtée!

LA VOIX.

J'irais seul, et bravant leur colère inutile,
Leur demander raison de cette lâcheté...

Lucy paraît.

MADAME DE CÉRAN et ROGER.

Lucy!

SCÈNE V

LES MÊMES, LUCY, allant à la porte du jardin.

LA DUCHESSE.

Comment, Lucy, vous vous en allez!

LUCY, s'arrêtant.

Pardon! je ne vous avais pas vue.

LA DUCHESSE.

Il y a pourtant un joli vers, il paraît :

« L'honneur est le dieu !... »

LUCY, reprenant son chemin.

« Comme un dieu qui... »

LA DUCHESSE.

Oui, enfin, c'est bien le même. (Dix heures sonnent. Lucy arrive à la porte.) Et vous vous en allez, néanmoins?

LUCY, se retournant.

Oui, j'ai besoin de prendre l'air... J'ai la migraine !

Elle sort.

TOUS LES TROIS, s'asseyant.

Ah!..

SCÈNE VI

LA DUCHESSE, MADAME DE CÉRAN, ROGER.

LA DUCHESSE.

Ah! par exemple, voilà qui devient curieux!

MADAME DE CÉRAN.

C'est encore un hasard!...

LA DUCHESSE.

Encore un!... Ah! mais non, cette fois! Comment?

Toutes, alors, toutes!... excepté Suzanne!... Allons donc!
Il y a quelque chose!... Elle ne viendra pas. Je parierais
qu'elle ne viendra pas. (La porte du salon s'ouvre brusquement, laissant échapper un éclat de voix tragique, mais rapide et vague; et Suzanne entre précipitamment comme si elle voulait rejoindre quelqu'un.) La voilà!

SCÈNE VII

LES MÊMES, SUZANNE.

MADAME DE CÉRAN, se levant.

Vous quittez le salon, Mademoiselle?

SUZANNE, voulant s'échapper.

Oui, ma cousine!

MADAME DE CÉRAN.

Restez!

SUZANNE.

Mais, ma cousine...

MADAME DE CÉRAN.

Restez... et asseyez-vous!

SUZANNE, se laissant tomber sur un tabouret de piano, sur lequel elle tourne à chaque réplique nouvelle du côté de la personne qui lui parle.

Voilà!

MADAME DE CÉRAN.

Et pourquoi quittez-vous le salon, je vous prie?

SUZANNE.

Mais, parce que ça m'ennuie ce qu'il récite là-dedans, le vieux monsieur.

ROGER.

Est-ce bien la raison ?

SUZANNE.

Je sors, parce que Lucy est sortie, s'il vous en faut une autre ?

MADAME DE CÉRAN.

Miss Watson, Mademoiselle...

SUZANNE.

Oh ! bien entendu !... C'est la perfection ! l'idéal, l'oiseau rare, miss Watson !... Elle peut tout faire... tandis que moi !...

ROGER.

Tandis que vous, Suzanne...

MADAME DE CÉRAN.

Ah ! laisse-moi lui parler ! Tandis que vous, Mademoiselle, vous courez les chemins, seule...

SUZANNE.

Comme Lucy !

MADAME DE CÉRAN.

Vous vous habillez de la façon la plus extravagante.

SUZANNE.

Comme Lucy !

MADAME DE CÉRAN.

Vous-accaparez monsieur Bellac, vous affectez de lui parler...

SUZANNE.

Comme Lucy!... Est-ce qu'elle ne lui parle pas, elle, (Se tournant vers Roger.) et à monsieur aussi ?

MADAME DE CÉRAN.

Oh ! mais en secret! Vous me comprenez parfaitement.

SUZANNE.

Oh ! pour des secrets, on n'a pas besoin de se parler... on s'écrit... (Regardant Roger et à mi-voix.) en dissimulant son écriture!

MADAME DE CÉRAN.

Hein !

ROGER, bas, à la duchesse.

Ma tante !

LA DUCHESSE, bas.

Chut!

MADAME DE CÉRAN.

Enfin !...

SUZANNE.

Enfin, Lucy parle à qui elle veut; Lucy sort quand elle veut ; Lucy s'habille comme elle veut. Je veux faire ce que fait Lucy, puisqu'on l'aime tant, elle !

MADAME DE CÉRAN.

Et savez-vous pourquoi on l'aime, Mademoiselle ? C'est que, malgré une indépendance d'allures, conséquence de sa nationalité, elle est réservée, sérieuse, instruite...

SUZANNE, se levant.

Eh bien! et moi? Je n'ai donc pas été tout ça, moi? Oui, pendant six mois, jusqu'aujourd'hui, jusqu'à ce soir, cinq heures, je m'appliquais, je me tenais à quatre, et j'étudiais, et autant qu'elle! et j'en savais aussi long qu'elle! Et l'objectif et le subjectif et tout cela ! Eh bien! à quoi ça m'a-t-il servi?... Est-ce qu'on m'aime mieux ?... Est-ce qu'on ne me traite pas toujours en petite fille ? Et tout le monde, oui, tout le monde! ... (Regardant Roger de côté.) Qu'est-ce qui fait attention à moi, seulement? Suzanne ! ah! Suzanne ! Est-ce que ça compte, ça, Suzanne ! Et tout ça parce que je ne suis pas une vieille Anglaise!...

ROGER.

Suzanne !

SUZANNE.

Oui, défendez-la, vous! Oh ! je sais bien comment il faut être pour vous plaire... allez ! (Prenant le binocle de la duchesse et le mettant sur son nez.) Esthétique ! Schopenhauer ! Le moi! Le non-moi ! Et cœtera !... gnan !... gnan !... gnan !...

MADAME DE CÉRAN.

Faites-nous grâce de vos gamineries, Mademoiselle!

SUZANNE, faisant une révérence.

Merci, ma cousine !

MADAME DE CÉRAN.

Oui, de vos gamineries !... Et les sottises que vous faites...

SUZANNE.

Puisque je ne suis qu'une gamine, ce n'est pas étonnant

que je fasse des sottises. (S'animant.) Eh bien! oui, je fais des sottises!... et je le fais exprès, et j'en ferai encore!

MADAME DE CÉRAN.

Plus chez moi, je vous le garantis.

SUZANNE.

Oui, je suis sortie avec monsieur Bellac; oui, j'ai parlé bas à monsieur Bellac; oui, j'ai un secret avec monsieur Bellac!

ROGER.

Vous osez!...

SUZANNE.

Et il est plus savant que vous! Et il est meilleur que vous! Et je l'aime mieux que vous! Oui, je l'aime, là! Je l'aime!

MADAME DE CÉRAN.

Je veux croire que vous ne savez pas la gravité...

SUZANNE.

Si! si! Je sais la gravité! si!

MADAME DE CÉRAN.

Alors, écoutez-moi! Avant de faire la nouvelle sottise dont vous nous menacez, réfléchissez bien! Le bruit, les coups de tête, le scandale, vous conviennent moins qu'à personne, mademoiselle de Villiers!

LA DUCHESSE.

Ah! mais, prends garde!

MADAME DE CÉRAN.

Eh! Duchesse, il faut au moins qu'elle sache...

SUZANNE, retenant ses larmes.

Oh! je sais!

LA DUCHESSE.

Comment!

SUZANNE, se jetant dans sés bras en pleurant.

Oh! ma tante! ma tante!

LA DUCHESSE.

Suzanne, voyons, mon enfant!... (A madame de Céran.) Tu avais bien besoin de lever ce lièvre-là, toi. (A Suzanne.) Voyons, qu'est-ce que tu sais? Quoi?

Elle l'assied sur ses genoux.

' SUZANNE, pleurant en parlant.

Oh! quoi? Je ne sais pas; mais je sais bien qu'il y a quelque chose contre moi, allez... et il y a longtemps!

LA DUCHESSE.

Qui est-ce qui t'a dit?...

SUZANNE.

Oh! personne... tout le monde... les gens qui vous regardent, qui chuchotent, qui se taisent quand vous entrez... qui vous embrassent, qui vous appellent: Pauvre petite! — Si vous croyez que les enfants ne sentent pas cela!...

LA DUCHESSE, lui essuyant les yeux.

Voyons, ma chérie, voyons...

SUZANNE.

Et au couvent donc! Je voyais bien que je n'étais pas comme les autres, allez!... Oh! si, je le voyais! On me parlait toujours... de mon père, de ma mère... pourquoi? puisque je n'en n'avais plus! Et une fois, en récréation, je jouais avec une grande, je ne sais pas ce que je lui avais fait... elle éta furieuse... et tout d'un coup, elle m'a appelée : « Mademoiselle l'illégitime »! Elle ne savait pas ce que cela voulait dire, moi non plus! — C'est sa mère qui avait dit cela devant elle. Elle me l'a avoué après... quand nous nous sommes raccommodées... Oh! j'étais malheureuse! (Sanglotant.) Nous avons cherché dans le dictionnaire... mais nous n'avons rien trouvé... ou pas compris... (Avec colère.) Mais qu'est-ce que ça veut dire, enfin?... Qu'est-ce que j'ai qui fait que je ne suis pas comme tout le monde? que tout ce que je fais est mal? Est-ce que c'est ma faute?

LA DUCHESSE, l'embrassant.

Non, ma petite... Non, ma chérie...

MADAME DE CÉRAN.

Je regrette...

SUZANNE, sanglotant.

Eh bien! alors, pourquoi me le reproche-t-on, si ce n'est pas ma faute? Mais je suis à charge à tout le monde ici! Je le sais bien; je ne veux plus rester; je veux m'en aller!... Personne ne m'aime ici, personne!

ROGER, très agité.

Pourquoi dites-vous cela, Suzanne? Ce n'est pas bien ! tout le monde ici, au contraire... et moi...

SUZANNE, se levant furieuse.

Vous!

ROGER.

Oui, moi! et je vous jure...

SUZANNE.

Vous ah! tenez!... Laissez-moi, vous! Je vous déteste! je ne veux plus vous voir! jamais!... Entendez-vous?

> Elle va vers la porte du jardin.

ROGER.

Suzanne! mais, Suzanne! Où donc allez-vous?

SUZANNE.

Où je vais? Je vais me promener. Je vais où je veux, d'abord!

ROGER.

Pourquoi, maintenant? Pourquoi sortez-vous?

SUZANNE.

Pourquoi? (Elle descend vers lui.) Pourquoi? (Dans les yeux.) J'ai la migraine!!!

> Tous se lèvent. Suzanne sort par la porte du jardin.

SCÈNE VIII

ROGER, LA DUCHESSE, MADAME DE CÉRAN.

ROGER, très agité.

Eh bien! ma tante, est-ce clair maintenant?

LA DUCHESSE, se levant.

De moins en moins!

ROGER.

C'est bien, je vais le voir!

MADAME DE CÉRAN.

Roger! où vas-tu donc?

ROGER.

Où je vais? mais, faire ce que dit ma tante, savoir où ils en sont! et je vous jure que si c'est vrai... si cet homme a osé!...

MADAME DE CÉRAN.

Si c'est vrai!... moi, je la chasse!

ROGER.

En bien! si c'est vrai... moi je le tue!

Il sort par la porte du jardin.

LA DUCHESSE.

Et si c'est vrai, moi, je les marie!... Seulement, ce n'est pas vrai... Enfin, nous allons voir; viens!

Elle veut l'entraîner. — On entend applaudir très fort dans le salon. Bruit de chaises et de conversations.

MADAME DE CÉRAN, hésitant.

Mais!...

LA DUCHESSE.

Hein? Quoi? Encore un joli vers! Non, c'est la fin de l'acte! Vite! avant qu'ils n'arrivent!

MADAME DE CÉRAN.

Mais, mes invités?

LA DUCHESSE.

Eh! tes invités? Ils se rendormiront bien sans toi! viens, viens!

Elles sortent.

La porte du fond s'ouvre et laisse voir quelques personnes par groupes et Des Millets très entouré.

VOIX DIVERSES.

Très beau! Grand art! très élevé!

PAUL, sur la porte du fond.

Charmant, cet acte! N'est-ce pas, général?

LE GÉNÉRAL, en bâillant bruyamment.

Charmant! encore quatre!

Paul s'esquive adroitement, gagne la porte du jardin et disparaît. La
toile tombe.

ACTE TROISIÈME

Grande serre-salon éclairée au gaz. Pièce d'eau et jet-d'eau, meubles, sièges, touffes d'arbustes et massifs de plantes, derrière lesquels on peut aisément se couler et se cacher.

————

SCÈNE PREMIÈRE

LA DUCHESSE, MADAME DE CÉRAN

Elles entrent par le fond à droite, hésitent, regardent d'abord et à voix basse.

LA DUCHESSE.

Personne?

MADAME DE CÉRAN.

Personne.

LA DUCHESSE.

Bon! (Elle descend en scène et s'arrêtant.) Trois migraines!

MADAME DE CÉRAN.

Il est pourtant inouï que je sois forcée de laisser ainsi ce poète...

LA DUCHESSE.

Ah! bien, ton poète, il lit ses vers! Un poète, vois-tu, pourvu que ça lise ses vers!...

MADAME DE CÉRAN.

Mais l'emportement de Roger m'a effrayée! Jamais je ne

l'ai vu ainsi, jamais! Qu'est-ce que vous faites donc là, ma tante?

LA DUCHESSE.

J'arrête le jet d'eau, tu vois bien!

MADAME DE CÉRAN.

Pourquoi?

LA DUCHESSE.

C'est pour mieux entendre, mon enfant!

MADAME DE CÉRAN.

Il est au jardin, je ne sais où... qui la suit, qui la guette... Que va-t-il arriver? Ah! petite malheureuse!... Comment, duchesse, vous éteignez le gaz?

LA DUCHESSE.

Non, je le baisse.

MADAME DE CÉRAN.

Mais pourquoi?

LA DUCHESSE.

Mais pour mieux voir, mon enfant!

MADAME DE CÉRAN.

Pour?...

LA DUCHESSE.

Dame!... moins on nous verra, mieux nous verrons... Trois migraines!... Et un seul rendez-vous! y comprends-tu quelque chose, toi?

MADAME DE CÉRAN.

Ce que je ne comprends pas, moi, c'est que M. Bellac...

LA DUCHESSE.

Et moi c'est que Suzanne...

MADAME DE CÉRAN.

Oh! elle...

LA DUCHESSE.

Elle? Enfin nous allons voir! Ils peuvent venir maintenant, tout est prêt.

MADAME DE CÉRAN.

Si Roger les trouve ici... ensemble, il est capable...

LA DUCHESSE.

Bah!... bah! il faut voir... il faut voir!...

MADAME DE CÉRAN.

Mais...

LA DUCHESSE.

Chut!... entends-tu?

MADAME DE CÉRAN.

Oui.

LA DUCHESSE, poussant madame de Céran vers le massif de droite, au premier plan.

Il était temps!... Viens!

MADAME DE CÉRAN.

Comment, vous vouiez écouter?

LA DUCHESSE, cachée.

Dame! pour entendre, il n'y a encore que cela, tu sais?... Tiens, dans ce coin-là, nous serons comme des rois de féerie. Nous sortirons quand il le faudra, sois tranquille. on est entré?

9

MADAME DE CÉRAN, cachée et regardant à travers les branches..

Oui.

LA DUCHESSE.

Lequel des deux?

MADAME DE CÉRAN.

C'est elle...

LA DUCHESSE.

Suzanne?

MADAME DE CÉRAN.

Oui! (Avec étonnement.) Non!

LA DUCHESSE.

Comment, non?

MADAME DE CÉRAN.

Non! Pas décolletée... C'est une autre!

LA DUCHESSE.

Une autre?... Qui?

MADAME DE CÉRAN.

Je ne distingue pas.

JEANNE.

Mais viens donc, Paul!

MADAME DE CÉRAN.

La sous-préfète!

LA DUCHESSE.

Encore!...

SCÈNE II

LA DUCHESSE, MADAME DE CÉRAN, cachées premier plan; **JEANNE,** puis **PAUL,** entrant par le fond à droite.

JEANNE.

Qu'est-ce que tu fais donc à cette porte, enfin?

PAUL, dans la coulisse, à droite.

La prudence étant la mère de la sûreté, je nous mets prudemment en sûreté!

JEANNE.

Comment?

PAUL.

Comme ça...

Bruit de porte qui crie.

JEANNE, effrayée.

Hein?

PAUL, entrant.

Très réussi!...

JEANNE.

Qu'est-ce que c'est que cela?

PAUL.

Ça! c'est un indique-fuite que je viens d'installer... Oui, un morceau de bois... dans le gond de la porte... De cette

façon, si quelqu'un, je ne dis pas quelque amoureux
comme nous, ceci est invraisemblable dans cette enceinte,
mais quelque évadé de tragédie se réfugiait de ce côté, par
impossible... plus de danger! Il pousse la porte, elle pousse
un cri, et nous, par l'autre porte... Frtt!... hein? Est-ce assez
combiné? Ah! nous autres hommes d'État!... Et maintenant,
Madame, que nous sommes à l'abri des regards indiscrets,
je dépouille l'homme public, l'homme privé reparaît, et,
donnant l'essor à des sentiments trop longtemps contenus,
je vous permets de me tutoyer.

JEANNE.

A la bonne heure, tu es gentil, ici!

PAUL.

Je suis gentil ici, parce que je suis tranquille ici; mais,
s'embrasser dans les corridors, comme tantôt, tu sais?...
quand tu es venue m'aider à défaire mes malles.

LA DUCHESSE, à part.

C'étaient eux!

PAUL.

Ou comme ce soir, dans le jardin...

LA DUCHESSE, à part.

Encore eux!

PAUL.

Plus jamais cela! Trop imprudent pour la maison... hein?
Quelle maison! t'avais-je trompé? Faut-il avoir envie d'être
préfet pour venir s'ennuyer dans des bâilloirs pareils!

MADAME DE CÉRAN

Hein?

LA DUCHESSE, à madame de Céran.

Écoute ça! Écoute ça!

JEANNE, le faisant asseoir près d'elle.

Viens là...

PAUL, s'asseoit, se relève et marchant avec agitation.

Non, mais quelle maison! Et les maîtres, et les invités, et tout le monde! Et madame Arriégo! Et le poète! Et la marquise! Et cette Anglaise en glace! Et ce Roger en bois! Il n'y a que la duchesse qui ait le sens commun...

LA DUCHESSE, à madame de Céran.

Pour moi, ça!..

PAUL, avec conviction.

Mais le reste, ah!

LA DUCHESSE.

Ça, c'est pour toi!

JEANNE.

Mais, viens donc là!

PAUL, s'asseoit et se relève, même jeu.

Et la lecture, et la littérature! et la candidature! Ah! la candidature Revel! Un vieux malin, figure-toi, qui meurt... tous les soirs et qui ressuscite tous les matins avec une place de plus! (Il va pour s'asseoir et reprend.) Et Saint-Réault? Ah! Saint-Réault! Et les Ramas-Ravanas et tous les fouchtras de Boudha!

MADAME DE CÉRAN, indignée.

Oh!

LA DUCHESSE, riant.

Il est drôle !

PAUL.

Et l'autre, dis donc, le Bellac des dames, avec son amour platonique!

JEANNE, baissant les yeux.

Il est bête !

PAUL, s'asseyant.

Tu trouves, toi?.. (Se relevant avec fureur.) Et la tragédie ... Oh ! la tragédie!...

JEANNE.

Mais, Paul, qu'as-tu?

PAUL.

Et ce vieux Philippe-Auguste avec son joli vers ! Mais tout le monde en a fait, des jolis vers... Ce n'est pas une raison pour les lire... Moi aussi j'en ai fait...

JEANNE.

Toi?

PAUL.

Oui, moi! Quand j'étais étudiant et pas riche, j'en ai même vendu !...

JEANNE.

A un éditeur?

PAUL.

Non ; à un dentiste ! La Plombéide ou l'Art de plomber les dents. — Poème, trois cents vers!... Trente francs... Écoute-moi ça...

JEANNE.

Oh! non, par exemple!

PAUL.

« Muse, s'il est un mal, parmi les maux divers,
» Que le ciel en courroux épand sur l'univers,
» Dont le plus justement le bon goût s'effarouche,
» C'est celui dont le siège est placé dans la bouche!... »

JEANNE, voulant l'arrêter.

Voyons, Paul!...

PAUL.

« Ah! qu'arracher sa dent semble alors plein d'appas!
» Imprudent! Guéris-la, mais ne l'arrache pas!
» Ah! n'arrachez jamais, même une dent qui tombe!
» Qui sait si, quelque jour, l'homme adroit qui la plombe
» N'aura pas conservé, soit en haut, soit en bas,
» Cet attrait au sourire et cette aide au repas. »

LA DUCHESSE, riant.

Ah! ah! il est amusant!

JEANNE.

Quel gamin tu fais! Qui croirait cela à te voir au salon!
(L'imitant.) « Mon Dieu, monsieur le sénateur, le flot démo-
» cratique... les traités de 1815... » Ah! ah! ah!

PAUL.

Eh bien! et toi, dis donc!... C'est toi qui vas bien, avec la
maîtresse de la maison!

MADAME DE CÉRAN.

Hein?

PAUL.

Mes compliments!

JEANNE.

Mais, mon ami, je fais ce que tu m'as recommandé.

PAUL, l'imitant.

« Je fais ce que tu m'as recommandé! » — Ah! sainte-
nitouche, avec sa petite voix! Ah! tu lui en fournis à la
comtesse : du Joubert, et du latin, et du Tocqueville! Et de
ton cru encore!

MADAME DE CÉRAN.

Comment, de son cru!

LA DUCHESSE.

Ça me raccommode avec elle, ça.

JEANNE.

Ah! je n'ai pas de remords, va!... Une femme qui nous
loge aux deux bouts de la maison!

MADAME DE CÉRAN, se levant.

Si je la priais d'en sortir!

LA DUCHESSE.

Tais-toi donc.

JEANNE.

Et c'est de la méchanceté!... Si! si!... J'en suis sûre...
Une femme sait bien, n'est-ce pas? que des nouveaux
mariés... ont toujours quelque chose à se dire, enfin.

PAUL, tendrement.

Oui, toujours.

JEANNE.

Toujours, bien vrai?... Toujours comme ça?

PAUL.

As-tu une jolie voix! Je l'écoutais tout a l'heure... en parlant des traités de 1815. Fine, douce, enveloppante... Ah! la voix, c'est la musique du cœur, comme dit M. de Tocqueville.

JEANNE.

Ah! Paul!... Je ne veux pas que tu ries des choses sérieuses.

PAUL.

Ah! bien, laisse-moi être un peu gai, je t'en prie; je suis si heureux ici! — Mon Dieu! que ça m'est donc égal de ne pas être préfet à Carcassonne, dans ce moment-ci!

JEANNE.

C'est toujours que cela m'est égal à moi, Monsieur: voilà la différence!

PAUL.

Chère petite femme!

Il lui baise les mains.

MADAME DE CÉRAN, bas à la duchesse.

Mais, c'est d'une inconvenance...

LA DUCHESSE, de même.

Je ne déteste pas ça, moi!

PAUL.

Ah! c'est que j'ai un fort arriéré à combler, tu comprends, sans compter les avances à prendre. Quand serons-nous

libres, à présent? Chère enfant, tu ne sais pas combien je
t'adore

JEANNE.

Si, je le sais... par moi...

PAUL.

Ma Jeanne !

JEANNE.

Ah! Paul! Toujours comme ça, répète-le encore,
toujours !

PAUL, très près d'elle et tendrement.

Toujours !

MADAME DE CÉRAN, bas à la duchesse.

Mais, Duchesse !

LA DUCHESSE, de même.

Ah! ils sont mariés !

La porte crie. Paul et Jeanne se lèvent, effrayés.

PAUL et JEANNE.

Hein ?

JEANNE.

On vient !

PAUL.

Fuyons ! comme on dit dans les tragédies.

JEANNE.

Vite, vite !...

PAUL.

Tu vois, hein ? mes précautions.

JEANNE.

Déjà! Quel malheur!

Ils s'échappent par le fond à gauche

MADAME DE CÉRAN, passant à gauche.

Eh bien, c'est heureux qu'on les ait interrompus.

LA DUCHESSE, la suivant.

Ma foi, je le regrette! — Oui, mais c'est fini de rire, maintenant.

SCÈNE III

MADAME DE CÉRAN, LA DUCHESSE, cachées

à gauche, BELLAC, entrant par le fond à droite.

BELLAC.

Cette porte fait un bruit!

MADAME DE CÉRAN, bas à la duchesse.

Bellac!

LA DUCHESSE, de même

Bellac!

BELLAC.

Mais on ne voit pas clair, ici.

MADAME DE CÉRAN.

C'était vrai!... Vous voyez, tout est vrai.

LA DUCHESSE.

Tout! non! Il n'y en a encore que la moitié.

MADAME DE CÉRAN.

Ah! l'autre n'est pas loin, allez!

LA DUCHESSE.

En tous cas, ça ne peut être qu'un coup de tête, une imprudence de pensionnaire... Il n'est pas possible. (La porte crie.) La voilà!... Ah! dame, le cœur me bat... Dans ces choses-là, on a beau être sûr, on n'est jamais certain... La vois-tu?

MADAME DE CÉRAN, regardant.

Ah! c'est elle!... Et tout à l'heure Roger, qui l'épie, va venir, lui aussi... Si nous nous montrions, Duchesse?

LA DUCHESSE.

Non... non... Maintenant, je veux savoir où ils en sont; je veux en avoir le cœur net.

MADAME DE CÉRAN, regardant toujours.

Je meurs d'inquiétude... Décolletée... C'est cela, c'est bien elle...

LA DUCHESSE.

Ah! petite coquine!... Laisse-moi voir...

Elle regarde à travers les feuilles, puis après un moment.

Hein?

MADAME DE CÉRAN.

Quoi donc?

LA DUCHESSE.

Regarde.

MADAME DE CÉRAN, regardant.

Lucy!

LA DUCHESSE.

Lucy.

MADAME DE CÉRAN

Qu'est-ce que cela veut dire?

LA DUCHESSE.

Ah! je ne sais pas encore, mais j'aime déjà mieux cela.

SCÈNE IV

MADAME DE CÉRAN, LA DUCHESSE, cachées au premier plan, à gauche, BELLAC ET LUCY se cherchant à droite, PAUL rentrant par le fond, à gauche, suivi de JEANNE qui le retient.

JEANNE, bas à Paul.

Non! non! Paul! non!

PAUL, de même.

Si!... si!... laisse un instant, pour voir! Ici, à cette heure-ci, ce ne peut être que des amoureux, je te dis... Dans cette maison!. . Non!... Ce serait trop drôle...

JEANNE.

Prends garde!

PAUL.

Chut !

LUCY

Vous êtes là, M. Bellac ?

PAUL.

L'Anglaise !

BELLAC.

Oui, Mademoiselle !

PAUL.

Et le professeur... L'Anglaise et le professeur : fable !
Quand je te disais ! Une intrigue !... Un rendez-vous ! Ah !
mais c'est moi qui ne m'en vais plus, par exemple !

JEANNE.

Comment ?

PAUL.

Après cela, si tu veux t'en aller, toi ?

JEANNE.

Ah ! mais non !

Ils se cachent derrière un massif au fond   gauche.

LUCY.

Vous êtes de ce côté !

BELLAC.

Par ici !... Je vous demande pardon... La serre est
habituellement mieux éclairée... Je ne sais pourquoi, ce
soir...

Il marche vers elle.

MADAME DE CÉRAN, bas à la duchesse.

Lucy !... Mais, alors, Suzanne ?... Je n'y suis plus !

LA DUCHESSE, de même.

Attends un peu ; j'ai idée que nous allons y être.

LUCY.

Mais, M. Bellac, que signifie cette sorte de rendez-vous ? Et votre lettre de ce matin ?. Pourquoi m'écrire ?

BELLAC.

Mais, pour vous parler, chère miss Lucy. Est-ce donc la première fois que nous nous isolons, pour échanger nos pensées ?

PAUL, pouffant de rire, bas, à Jeanne.

Oh !... échanger !.., Je ne savais pas que cela s'appelait comme ça...

BELLAC.

Entouré comme je le suis ici, quel autre moyen avais-je de vous parler, à vous seule ?

LUCY.

Quel autre ? Il fallait me donner le bras et sortir du salon avec moi, tout simplement. Je ne suis pas une jeune fille française, moi.

BELLAC.

Mais, vous êtes en France.

LUCY.

En France comme ailleurs, je fais ce que je veux ; je n'ai pas besoin de secret, et encore moins de mystère. Vous déguisez votre écriture... Vous ne signez pas... Il n'est pas jusqu'à votre papier rose... Ah ! que vous êtes bien Français !...

PAUL, bas, à Jeanne.

Né malin.

BELLAC.

Et que vous êtes bien, vous, la muse austère de la science, la Polymnie superbe ! la Piéride froide et fière... Asseyez-vous donc !

LUCY.

Non ! non !... Et voyez comme toutes vos précautions ont tourné contre nous... J'ai perdu cette lettre.

LA DUCHESSE, un peu haut.

J'y suis !...

Mouvement de Lucy vers la gauche.

BELLAC.

Quoi ?

LUCY.

Vous n'avez pas entendu ?

BELLAC.

Non !.. Ah ! vous avez perdu ?...

LUCY.

Et que voulez-vous que pense celui ou celle qui l'aura trouvée ?

LA DUCHESSE, bas, à madame de Céran.

Y es-tu, maintenant ?

LUCY.

Il est vrai qu'il n'y avait plus d'enveloppe... partant, plus d'adresse...

BELLAC.

Ni mon écriture, ni ma signature... Vous voyez donc
que j'ai bien fait. En tous cas, j'ai cru bien faire, chère
miss Lucy, pardonnez à votre professeur, à votre ami,
et... asseyez-vous, je vous en prie...

LUCY.

Non! dites-moi ce que vous aviez à me dire en si grand
secret, et rentrons.

BELLAC, la retenant.

Attendez!... Pourquoi n'êtes-vous pas venue à mon
cours, aujourd'hui?

LUCY.

Parce que j'ai passé mon temps à chercher cette lettre,
précisément. De quoi aviez-vous à me parler?

BELLAC.

Êtes-vous impatiente de me quitter! (Il lui donne un paquet de
papiers attachés avec un ruban rose.) Tenez!

LUCY.

Des épreuves!

BELLAC, ému.

De mon livre.

LUCY, émue aussi.

De votre?... Ah! Bellac!

BELLAC.

J'ai voulu que vous fussiez la seule à le connaître avant
tous, la seule!

LUCY, lui prenant les mains avec effusion.

Ah! mon ami! mon ami!

10

PAUL, retenant son rire.

Oh ! non, ce cadeau d'amour, pff !...

Mouvement de Bellac vers la gauche.

LUCY.

Qu'avez-vous ?

BELLAC.

Non, rien... J'avais cru... Vous le lirez, ce livre où j'ai mis ma pensée, et vous nous trouverez en communion parfaite, j'en suis sûr... sauf sur un point... Oh ! celui-là !

LUCY.

Lequel ?

BELLAC, tendrement.

Est-il possible que vous ne croyiez pas à l'amour platonique, vous?

LUCY.

Moi ? Oh ! pas du tout.

BELLAC, gracieusement.

Eh bien !... Et nous, cependant ?

LUCY, simplement.

Nous, c'est de l'amitié.

BELLAC, marivaudant.

Pardon ! c'est plus que de l'amitié et mieux que de l'amour!

LUCY.

Alors, si c'est plus que l'un et mieux que l'autre, ce n'est ni l'un ni l'autre. Et maintenant, merci encore, merci mille fois ; mais rentrons, voulez-vous ?

Elle va pour sortir.

BELLAC, la retenant toujours.

Attendez !

LUCY.

Non ! non ! rentrons.

PAUL, à Jeanne.

Ça ne mord pas.

BELLAC, la retenant.

Mais, attendez donc, de grâce ! Deux mots !... Deux mots ! Éclairez-moi, ou éclairez-vous !... La question en vaut la peine. Voyons, Lucy !...

LUCY, s'animant et passant à droite.

Voyons, Bellac ! Voyons, mon ami, votre amour platonique !... Philosophiquement, mais cela ne se soutient pas !

BELLAC.

Permettez, cet amour est une amitié...

LUCY.

Si c'est l'amitié, ce n'est plus l'amour !

BELLAC.

Mais, le concept est double !

LUCY.

S'il est double, il n'est pas un !

BELLAC.

Mais, il y a confusion !

Il s'assied.

LUCY.

S'il y a confusion, il n'y a plus caractère !... Et je vais plus loin !...

Elle s'assied aussi.

PAUL, à Jeanne.

Ça a mordu !

LUCY.

Je nie que la confusion soit possible entre l'amour, qui a l'individuation pour base, et l'amitié, forme de la sympathie, c'est-à-dire d'un fait, où le moi devient, en quelque sorte, le non-moi. Je nie absolument, oh! mais absolument !

LA DUCHESSE, bas à madame de Céran.

J'ai bien souvent entendu parler d'amour, mais jamais comme cela.

BELLAC.

Voyons, Lucy !...

LUCY.

Voyons, Bellac ! Oui ou non ? Le facteur principal...

BELLAC.

Voyons, Lucy, un exemple. Supposons deux êtres quelconques — deux abstractions — deux entités — un homme quelconque — une femme quelconque, tous deux s'aimant, mais de l'amour vulgaire, physiologique, vous me comprenez ?

LUCY.

Parfaitement !

BELLAC.

Je les suppose dans une situation comme celle-ci, seuls la nuit, ensemble, que va-t-il arriver ?

LA DUCHESSE, à madame de Céran.

Je m'en doute, moi, et toi ?

BELLAC.

Fatalement ! — suivez-moi bien ; — fatalement, il va se
produire le phénomène que voici.

JEANNE, à Paul.

Oh ! c'est amusant !...

PAUL.

Eh bien ! Madame ?

BELLAC.

Tous deux, ou plus vraisemblablement, l'un des deux, le
premier, l'homme...

PAUL, à Jeanne.

L'entité mâle !

BELLAC.

Se rapprochera de celle qu'il croit aimer...

Il s'approche d'elle.

LUCY, se reculant un peu.

Mais...

BELLAC, la retenant doucement.

Non, non !... Vous allez voir ! Ils plongeront leurs regards
dans leurs regards ; ils mêleront leurs souffles et leurs
chevelures...

LUCY.

Mais, monsieur Bellac...

BELLAC.

Et alors !... Et alors !... il se passera en leur moi...
indépendamment de leur moi lui-même, une suite non
interrompue d'actes inconscients, qui, par une sorte de
progrès de processus lent, mais inéluctable, les jettera, si

j'ose ainsi dire, à la fatalité d'un dénouement prévu où la
volonté ne sera pour rien, l'intelligence pour rien, l'âme
pour rien !

LUCY

ermettez !... ce processus...

BELLAC.

Attendez, attendez !... Supposons maintenant un autre
couple et un autre amour, à la place de l'amour physiologique, l'amour psychologique à la place d'un couple
quelconque, — deux exceptions : — vous me suivez
toujours ?

LUCY.

Oui.

BELLAC.

Eux aussi, assis l'un près de l'autre, se rapprocheront
l'un de l'autre.

LUCY, s'éloignant encore.

Mais. alors, c'est la même chose !

BELLAC, la retenant toujours.

Attendez donc ! Il y a une nuance. Laissez-moi vous
faire voir la nuance. Eux aussi pourront plonger leurs
yeux dans leurs yeux et mêler leurs chevelures....

LUCY.

Mais enfin ?

Elle se lève.

BELLAC, la faisant rasseoir.

Seulement !... Seulement !... Ce n'est plus leur beauté
qu'ils contemplent, c'est leur âme ; ce n'est plus leurs

voix qu'ils entendent, c'est la palpitation même de leur pensée ! Et lorsque enfin, par un processus tout autre, quoique congénère, ils 'en seront arrivés, eux aussi, a ce point obscur et troublé où l'être s'ignore lui-même, sorte d'engourdissement délicieux du vouloir qui paraît être à la fois le *summum* et le *terminus* des félicités humaines, ils ne se réveilleront pas sur la terre, eux, mais en plein ciel, car leur amour à eux plane bien par delà les nuages orageux des passions communes dans le pur éther des idéalités sublimes !

Silence.

PAUL, à Jeanne.

Il l'embrassera !...

BELLAC.

Lucy ! chère Lucy, me comprenez-vous ? Oh ! dites que vous me comprenez !

LUCY, troublée.

Mais !... Il me semble que les deux concepts...

PAUL.

Oh ! les concepts ! non, ils sont trop drôles !

LUCY, toujours troublée.

Les deux concepts... sont identiques !

PAUL.

Oh ! identiques...

BELLAC, avec passion.

Identiques !... Oh ! Lucy, vous êtes cruelle !... Identiques !!! Mais songez donc qu'ici tout est subjectif !

PAUL.

Il faut que je fasse une folie !

BELLAC, tout à fait passionné.

Subjectif! Lucy! comprenez-moi bien !

LUCY, tout à fait émue.

Mais, Bellac !... subjectif !...

JEANNE, à Paul.

Il ne l'embrassera pas !

PAUL.

Alors, c'est moi qui t'embrasse !

JEANNE, se défendant.

Paul! Paul!

Bruit de baisers.

BELLAC, LUCY, se levant effrayés.

Hein

LA DUCHESSE, étonnée, se levant aussi.

Eh bien ! comment ? Ils s'embrassent ?

LUCY.

Quelqu'un ! Quelqu'un est là !...

BELLAC.

Venez, venez ! prenez ma main !

LUCY.

On nous écoutait ! Oh ! Bellac, je vous le disais bien.

BELLAC.

Venez !

LUCY.

Mais, je suis horriblement compromise !

Elle sort par le fond à gauche.

BELLAC, la suivant.

Je réparerai, chère miss, je réparerai !...

SCÈNE V

LA DUCHESSE, MADAME DE CÉRAN, cachées. JEANNE, PAUL, sortant de leur cachette en riant.

PAUL.

Ah ! l'amour platonique ! Ah ! ah ! ah !

LA DUCHESSE, à part.

Raymond !

JEANNE.

Et le moi, et le processus, et le terminus ! Ah ! ah ! ah !

LA DUCHESSE, sortant à son tour de sa cachette, et à part.

Ah ! mes coquins !... Attendez un peu !

Elle marche doucement vers eux.

PAUL.

Hein ? le joli Tartufe, avec ses déclarations à deux fins et à échappement. (Imitant Bellac.) « Mais, chère miss, le concept de l'amour est double. »

JEANNE, imitant Lucy.

Mais, le facteur principal !

PAUL.

Voyons, Lucy !

JEANNE.

Voyons, Bellac !

PAUL.

Mais, c'est une nuance ! Laissez-moi vous faire voir la nuance !

JEANNE.

Mais, alors, c'est identique...

PAUL.

Identique ! O cruelle... Songez donc qu'ici tout est subjectif !

JEANNE.

Oh ! Bellac ! subjectif !

Bruit de baisers que la duchesse fait claquer sur sa main.

PAUL ET JEANNE, se relevant, effrayés.

Hein ?

JEANNE.

Quelqu'un !

PAUL.

Pincés !

JEANNE.

On nous écoutait.

PAUL, l'entraînant.

Viens, viens

JEANNE, en s'en allant.

Ah'! Paul, peut-être aussi dans le commencement....

PAUL.

Je réparerai, cher ange, je réparerai!...

Ils disparaissent par la gauche

SCÈNE VI

LA DUCHESSE, MADAME DE CÉRAN.

LA DUCHESSE, riant.

Ah! ah! ah! mes drôles... Ils sont gentils... mais ils méritaient une leçon... Ah! ah!... Je peux rire... maintenant... Ah! ah!... dis donc, Lucy!... Elle va bien, ta bru! Quand je te disais...Eh bien! y es-tu, à présent! Suzanne... ce rendez-vous... cette lettre ?...

MADAME DE CÉRAN.

Oui, c'était la lettre de Bellac à Lucy que Suzanne avait trouvée !

LA DUCHESSE.

Et qu'elle prenait pour la lettre de Roger à Lucy. C'est pour cela qu'elle était si furieuse, la jalouse !

MADAME DE CÉRAN

Jalouse? Duchesse, vous ne voulez pas dire qu'elle aime mon fils?

LA DUCHESSE.

Ah çà ! est-ce que tu penserais encore à lui faire épouser l'autre, par hasard ?... Eh bien ! et le processus ?

MADAME DE CÉRAN.

L'autre ?... Non, certes... Mais Suzanne, jamais, ma tante, jamais !

LA DUCHESSE.

Nous n'en sommes pas encore là... malheureusement... En attendant, va retrouver ta tragédie et ta candidature Revel. Va !... Moi je me charge de rattraper ton fils, et de lui faire rengaîner son grand sabre. — Tout est bien qui finit bien... Ouf! Ah ! c'est égal, je suis plus tranquille! Beaucoup de bruit pour pas grand'chose... Mais c'est fini ! fini ! fini ! Allons-nous-en !

Elles vont pour sortir à gauche. La porte de droite crie.

TOUTES DEUX, s'arrêtant.

Hein ?

LA DUCHESSE.

Encore! — Ah çà ! mais, ta serre !... C'est les marronniers du Figaro, ta serre ! Ah! bien, c'est joli !

MADAME DE CÉRAN.

Mais qui ça peut-il être encore?

LA DUCHESSE.

Qui ? (Prise d'une idée.) Ah ! (A Madame de Céran, la poussant vers la gauche.) Rentre au salon, je te le dirai.

MADAME DE CÉRAN.

Mais...

LA DUCHESSE, même jeu.

Tu ne peux pas laisser éternellement tes invités ?...

MADAME DE CÉRAN, cherchant à voir.

En effet, mais qui donc ?...

LA DUCHESSE, même jeu.

Puisque je te le dirai. Va vite, avant qu'on ne soit là...
Tu ne pourrais plus...

MADAME DE CÉRAN.

C'est vrai ; d'ailleurs, je vais revenir pour le thé.

LA DUCHESSE.

Pour le thé ! c'est cela. — Va, va ! et vite, et vite !

Madame de Céran sort par la gauche.

SCÈNE VII

LA DUCHESSE, puis SUZANNE, puis ROGER.

LA DUCHESSE.

Qui ça peut être ? Mais Roger, qui épie Suzanne, ou Suzanne, qui épie Roger. (Regardant à droite.) Oui, oui, c'est bien
lui. — C'est mon Bartholo... (Regardant à gauche.) Et ma jalouse, maintenant, qui croit Roger avec Lucy, et qui vou-
drait bien voir un peu ce qui se passe. C'est cela. Troisième migraine. Mon compte y est !... Ah ! si le hasard
ne fait pas quelque chose avec cela, c'est un grand. ma-
ladroit !... (Baissant doucement le gaz.) Aidons-le un peu.

SUZANNE, entrant en se cachant.

Je savais bien qu'en faisant le tour de la serre, il finirait par y arriver. Je le gênais.

ROGER, de même.

Elle a fait le tour de la serre; elle y est. — Je l'ai vue entrer. Enfin! Je vais donc savoir à quoi m'en tenir.

LA DUCHESSE.

Ils jouent à cache-cache!

SUZANNE, écoutant.

Il paraît qu'elle est en retard, son Anglaise!

ROGER, de même.

Ah çà! Bellac n'est donc pas là?...

LA DUCHESSE.

Ils n'en finiront pas... à moins que je ne m'en mêle... Pst!...

ROGER.

Elle l'appelle!... Ah! si j'osais, je prendrais sa place, puisqu'il n'est pas là. Le voilà bien, le moyen de savoir où ils en sont.

LA DUCHESSE, à part.

Allons donc!... allons donc!... Pst!

ROGER.

Ma foi, ça durera ce que ça pourra... Puisqu'il ne vient pas, j'aurai toujours appris quelque chose... Pst!

LA DUCHESSE.

Tiens!

SUZANNE, à part.

Il me prend pour Lucy.... Oh! que je voudrais savoir ce qu'il va lui dire.

ROGER, à mi-voix.

C'est vous?

SUZANNE, à mi-voix.

Oui!... (A part, résolument.) Tant pis!...

ROGER, à part.

Elle me prend pour Bellac.

LA DUCHESSE.

Oh! bien... maintenant! — Allez, mes enfants, allez!..

Elle disparaît derrière les massifs du fond, à gauche.

ROGER.

Vous avez reçu ma lettre?

SUZANNE à part, furieuse, lui parlant en face sans qu'il la voie ni l'entende.

Oui, je l'ai reçue, ta lettre!... Oui, je l'ai reçue! et tu ne t'en doutes guère. (Haut, doucement.) Mais, sans cela, serais-je à votre rendez-vous?

ROGER, à part.

A votre!... Eh bien! est-ce assez clair, cette fois?... Ah! malheureuse enfant!... Enfin, nous allons voir. (Haut.) J'avais si peur que vous ne vinssiez pas... ma chère. .

SUZANNE, à part.

Ma chère!... Oh! (Haut.) Vous m'avez pourtant bien vue sortir du salon tout à l'heure... mon cher.

ROGER, à part.

Ils en sont au moins à la familiarité!... Il n'y a pas à dire!... Il faut absolument que je sache... (Haut.) Pourquoi vous tenez-vous si loin de moi?

Il marche vers elle.

SUZANNE, à part.

Mais il va voir que je suis plus petite que Lucy. (Elle s'assied.) Ah! comme ça...

ROGER.

Ne voulez-vous pas que j'aille m'asseoir auprès de vous?

SUZANNE.

Je veux bien.

ROGER, à part, allant vers elle.

Oh! elle veut bien!... Ce qui m'étonne, c'est qu'elle me prenne pour Bellac; je n'ai pourtant ni sa voix, ni... Enfin, ça durera ce que ça pourra. — Profitons-en. — (Il s'assied auprès d'elle en lui tournant le dos, et haut.) Que vous êtes bonne d'être venue!... Vous m'aimez donc un peu, ma chère?

SUZANNE, qui lui tourne aussi le dos.

Mais oui, mon cher.

ROGER, se levant, à part.

Elle l'aime!... Oh! le misérable!

SUZANNE.

Qu'est-ce qu'il a donc?

ROGER, revenant s'asseoir près d'elle.

Eh bien! alors, laissez-moi donc être auprès de vous comme les autres fois.

Il lui prend les mains.

SUZANNE, à part, indignée

Il lui prend la main!

ROGER, à part, indigné.

Elle se laisse parfaitement prendre les mains... C'est épouvantable!

SUZANNE, de même.

Oh!

ROGER, haut.

Vous tremblez?..

SUZANNE.

C'est... c'est vous qui tremblez...

ROGER.

Non, non, c'est vous!... Est-ce que... (A part.) Nous allons voir... tant pis!... (Haut.) Est-ce que tu as peur ?

SUZANNE, à part, furieuse, se levant.

Tu!...

ROGER, à part, respirant.

Ils n'en sont que là!

Suzanne revient, après un geste de résolution, se rasseoir auprès de lui, sans mot dire.

ROGER, terrifié, à part.

Comment?... Encore plus loin!... Mais alors !... (Haut.) Ah! tu n'as pas peur?...

SUZANNE.

Peur... avec toi?...

ROGER, à part.

Avec!... Mais jusqu'où a-t-il poussé la séduction, le

11

misérable! Oh! je le saurai! je veux le savoir... Je le veux... je le dois... j'ai charge d'âme... (Haut, avec décision.) Eh bien!... en ce cas, voyons, si tu n'as pas peur, pourquoi me fuir?   Il l'attire à lui.

SUZANNE, indignée.

Oh!

ROGER.

Pourquoi te détourner de moi?

         Il passe son bras autour de sa taille.

SUZANNE, même jeu.

Oh!

ROGER.

Pourquoi me défendre ton visage?...

         Il se penche sur elle.

SUZANNE, bondissant sur ses pieds.

Oh! c'est trop fort!

ROGER.

Oui! c'est trop fort!

SUZANNE.

Mais regardez-moi donc! Suzanne! Pas Lucy, Suzanne, entendez-vous?

ROGER.

Et moi Roger! pas Bellac, Roger! entendez-vous?

SUZANNE.

Bellac?

ROGER.

Oh! malheureuse enfant! C'était donc vrai?... Ah!

Suzanne! Suzanne!... Que c'est mal!... Que vous me faites mal!... Enfin, il va venir, je l'attends!

SUZANNE.

Comment? Qui?

ROGER.

Mais vous ne comprenez donc pas que j'ai lu la lettre?

SUZANNE.

La lettre!... C'est moi qui l'ai lue, votre lettre?

ROGER.

Ma lettre? La lettre de Bellac!

SUZANNE.

De Bellac?... De vous!...

ROGER.

De moi?

SUZANNE.

De vous!... A Lucy!...

ROGER.

A Lucy?... A vous! à vous! à vous!...

SUZANNE.

A Lucy!... à Lucy!... à Lucy!... qui l'avait perdue!

ROGER, stupéfait.

Perdue!

SUZANNE.

Ah! j'étais là quand elle l'a réclamée au domestique! Vous ne direz pas... Et je l'avais trouvée, moi!...

ROGER, éclairé.

Trouvée!

SUZANNE.

Oui... oui... trouvée, et le rendez-vous... et la migraine... et tout!... Je savais tout. Et j'ai voulu voir, et je suis venue... Et vous me preniez pour elle...

ROGER.

Moi?

SUZANNE, les larmes commençant à la gagner.

Oui, vous! Oui, vous!... Vous me preniez pour elle, et vous lui disiez que vous l'aimiez!... Si!.. Si!.. Alors, pourquoi m'avez-vous dit que vous ne l'aimiez pas?... Oui!... à moi... tantôt... vous me l'avez dit, et que vous ne l'épousiez pas... Pourquoi l'avez-vous dit? Il ne fallait pas me le dire. Épousez-la si vous voulez, cela m'est bien égal, mais il ne fallait pas me le dire!... Vous m'avez trompée... vous m'avez menti! Ce n'est pas bien! Puisque vous l'aimiez, il ne fallait pas... il fallait!... (Se jetant dans ses bras.) Ah! ne l'épouse pas!.... ne l'épouse pas!... ne l'épouse pas!...

ROGER.

Suzanne!... ô ma chère Suzanne! que je suis heureux!...

SUZANNE.

Hein?

ROGER.

Cette lettre, alors, tu l'as trouvée? Elle n'est pas à toi?

SUZANNE.

A moi?

ROGER.

Eh bien! ni à moi non plus... je te jure!

SUZANNE.

Mais...

ROGER.

Puisque je te le jure! Elle est à Lucy!... à Bellac!... à d'autres!... Que nous importe? Ah! je comprends maintenant... Tu croyais... Oui... oui... Comme moi... Je comprends!... Ah!... chère enfant... ma chère Suzanne!... Que j'ai eu peur!... mon Dieu! que j'ai eu peur!

SUZANNE.

Mais de quoi?

ROGER.

De quoi? Oui, c'est vrai!... C'est absurde!... non!... non!... ne cherche pas... C'est odieux!... pardon, entends-tu?... Je te demande pardon...

SUZANNE.

Alors, tu ne l'épouses pas?

ROGER.

Mais, puisque je te dis...

SUZANNE.

Oh! je n'entends rien à tout ça, moi... Dis seulement que tu ne l'épouses pas, et je te croirai...

ROGER.

Mais non!... mais non!... Qu'elle est enfant!... Voyons, ne pleure plus... essuie tes yeux, chère petite, chère Suzanne. Nous ne sommes plus fâchés... ne pleure donc plus.

SUZANNE, au milieu.

Je ne peux pas m'en empêcher.

ROGER.

Mais pourquoi?

SUZANNE.

Mais je n'ai que toi, moi, Roger... Je ne veux pas que tu me quittes.

ROGER.

Te quitter?

SUZANNE, toujours pleurant.

Je suis jalouse, tu sais bien... Tu ne comprends pas ça, toi... non... non... Oh! j'ai bien vu, ce soir, quand je voulais te faire enrager avec M. Bellac... Tu ne me regardais pas seulement. Cela t'est bien égal, M. Bellac.

ROGER.

Lui! Mais je voulais le tuer!...

SUZANNE.

Le tuer!... (Elle lui saute au cou.) Oh! que tu es gentil!... Tu croyais donc?...

ROGER.

Tais-toi... ne parlons plus de cela... c'est fini... c'est oublié; rien ne s'est passé!... Recommençons tout! A mon arrivée, à la tienne, tantôt.... Bonjour, Suzanne, bonjour, ma chérie... Comme il y a longtemps que je ne t'ai vue!... Viens là... viens près de moi... comme tantôt.

Il s'assied et la fait asseoir tout près de lui.

SUZANNE.

Ah! Roger, comme tu es bon maintenant! Comme tu me

dis des choses!... Tu m'aimes mieux qu'elle, alors, bien
vrai?

ROGER, s'animant peu à peu.

T'aimer? Mais est-ce que ce n'est pas mon devoir de
t'aimer?... mon devoir de parent, de tuteur?... mon
devoir d'honnête homme enfin? T'aimer! Tiens, quand j'ai
lu cette lettre... je ne sais ce qui s'est passé en moi... Ah !
c'est là que j'ai compris quelle affection sérieuse... Oh!
oui, je t'aime, chère enfant, chère pureté, et plus que je ne
le pensais moi-même, et je veux que tu le saches...(Très tendre.)
N'est-ce pas que tu le sais?... N'est-ce pas que tu le sens
que je t'aime bien... ma chère petite Suzanne?...

SUZANNE, un peu étonnée.

Oui... Roger...

ROGER.

Tu me regardes... Je t'étonne... je ne te convaincs pas...
Je suis si peu habitué aux expansions tendres, si gauche
aux caresses... Je ne sais pas dire ces choses-là... moi...
L'éducation du cœur se fait par les mères, et tu connais
la mienne... Elle a fait de moi un piocheur, un savant. La
science a rempli ma vie... Tu en as été le seul repos, le
seul sourire, la seule jeunesse!.. Tu n'as que moi, dis-tu?
Eh bien! et moi, chère petite, qu'ai-je eu à aimer que toi,
que toi seule... et je ne le sentais pas, non!... Tu m'as
pris comme les enfants vous prennent, sans qu'ils le
sachent et qu'on s'en doute : par l'expansion puis-
sante de leur être, par l'obsession de leur grâce, par la
séduction de leur faiblesse, par tout ce qui fait que l'on
aime, parce que l'on se donne et que l'on se soumet à
ce que l'on protège. J'étais ton maître, mais ton élève

aussì. Pendant que j'ouvrais ton esprit à la pensée, tu
ouvrais mon âme à la tendresse... Je t'apprenais à lire...
tu m'apprenais à aimer. C'est sur tes petits doigts roses,
c'est sur la soie d'or de tes cheveux d'enfant que mon
cœur ignorant a épelé ses premiers baisers... Tu y es en-
trée, toute petite, dans ce cœur où tu as grandi et que tu
remplis maintenant tout entier, entends-tu? tout entier.
(Silence.) Eh bien! es-tu rassurée?

SUZANNE, émue, se levant, et à voix basse.

Allons-nous-en!

ROGER, étonné.

Pourquoi? Où?

SUZANNE, très troublée.

Autre part...

ROGER.

Mais pourquoi?

SUZANNE, de même.

Il fait sombre!

ROGER.

Mais, tout à l'heure!...

SUZANNE.

Ah! tout à l'heure... je n'avais pas vu.

ROGER.

Non, reste!... reste!... Où serons-nous mieux qu'ici?...
J'ai tant de choses encore... J'ai le cœur si plein... Je ne
sais pas pourquoi je te dis tout cela... c'est vrai... mais
c'est si bon de te le dire.... Ah! Suzanne... reste encore...
ma chère Suzanne...

Il la retient.

SUZANNE, voulant se dégager.

Non... non... je vous en prie...

ROGER, étonné.

Vous?... Tu ne me tutoies plus!...

SUZANNE, toujours plus troublée

Je... je vous en prie!...

ROGER.

Mais, tout à l'heure...

SUZANNE.

Oui, mais plus maintènant...

ROGER.

Mais pourquoi?

SUZANNE.

Je ne sais pas... je...

ROGER.

Eh bien !... encore !... Tu pleures... Je t'ai fait du chagrin ?

SUZANNE.

Non... oh !.. non...

ROGER.

Alors... je t'ai offensée sans le vouloir... J'ai...

SUZANNE.

Non... non... Je ne sais pas... Je ne comprends pas.... Je suis... Allons-nous-en, je vous en prie...

ROGER.

Suzanne... Mais je ne comprends pas non plus... je ne devine pas...

SCÈNE VIII

LES MÊMES, LA DUCHESSE, paraissant

LA DUCHESSE.

Et savez-vous pourquoi ? C'est que vous n'y voyez clair ni l'un ni l'autre. (Elle tourne le gaz. La scène s'éclaire.) Voilà !

ROGER.

Ma tante !..

LA DUCHESSE.

Ah ! chers petits, que vous me rendez heureuse !... Allons, embrasse ta femme, toi !

ROGER, stupéfait d'abord.

Ma femme !.. Suzanne ! (Il regarde sa tante, il regarde Suzanne; puis avec un cri.) Ah ! c'est vrai... je l'aime !..

LA DUCHESSE, avec joie.

Allons donc !... Et d'un qui voit clair... (A Suzanne.) Eh bien... et toi ?

SUZANNE, les yeux baissés.

Ah ! ma tante !...

LA DUCHESSE.

Tu y voyais déjà, toi, il paraît.... Les femmes ont toujours l'œil plus vif.... Hein ? Quelle belle invention que le gaz.... Tout va bien ?.. Il n'y a plus que ta mère....

ROGER.

Comment?

LA DUCHESSE.

Ah! dame, ça sera dur.... La voilà!.. Les voilà tous, toute la tragédie!.. Pas un mot... Laisse-moi faire... Je m'en charge!.... Mais qu'est-ce qui se passe donc là-bas?

SCÈNE IX

LES MÊMES, MADAME DE CÉRAN, d'abord, entrant joyeuse; puis, peu à peu, par toutes les issues: DES MILLETS, entouré de dames, LE GÉNÉRAL, BELLAC, LUCY, MADAME DE LOUDAN, MADAME ARRIÉGO, PAUL ET JEANNE, tous les personnages du 2e actes.

MADAME DE CÉRAN.

Grande nouvelle, ma tante!

LA DUCHESSE.

Quoi donc?

MADAME DE CÉRAN.

Revel est mort!

LA DUCHESSE.

Tu badines!...

MADAME DE CÉRAN.

C'est dans les journaux du soir. Voyez !

Elle lui tend un journal.

LA DUCHESSE.

Allons donc !...

Elle prend le journal et lit.

MADAME ARRIÉGO, au poète.

Très beau ! Superbe !

MADAME DE LOUDAN.

Très belle œuvre ! Et si élevée !

LE GÉNÉRAL.

Très remarquable ! Il y a un joli vers !

DES MILLETS.

Oh ! général !

LE GÉNÉRAL.

Si ! si !.. un très joli vers ! Le... Comment dites-vous cela ? Le... « L'honneur est maintenant semblable à un dieu qui n'aurait plus un seul autel. » Très joli vers !

PAUL, à Jeanne.

Un peu long !

BELLAC, tenant un journal, et à Lucy.

Il est mort à six heures.

SAINT-RÉAULT, à sa femme. Il tient un journal.

Oui ! à six heures — Oh ! j'ai la parole de M. Toulonnier.

BELLAC, à Lucy.

Toulonnier m'a promis formellement..

MADAME DE CÉRAN, la duchesse

Toulonnier est tout à nous !

LA DUCHESSE.

Au fait, où est-il donc, votre Toulonnier ?

SAINT-RÉAULT.

On vient de lui remettre une dépêche.

MADAME DE CÉRAN, à part.

Confirmative !.. c'est bien cela... Mais pourquoi?... (Le voyant entrer.) Ah ! enfin !...

TOUT LE MONDE.

C'est lui ! Ah ! ah !

Toulonnier descend en scène. — On l'entoure.

MADAME DE CÉRAN.

Mon cher secrétaire général !

SAINT-RÉAULT.

Mon cher Toulonnier !

MADAME DE CÉRAN.

Eh bien ! cette dépêche ?

BELLAC.

Il s'agit de ce pauvre Revel, n'est-ce pas ?

TOULONNIER, embarrassé.

De Revel, oui.

BELLAC.

Eh bien ! qu'est-ce qu'elle dit

LA DUCHESSE, regardant Toulonnier.

Elle dit qu'il n'est pas mort, parbleu !...

MADAME DE CÉRAN, BELLAC, SAINT-RÉAULT, montrant .es journaux.

Mais les journaux?

LA DUCHESSE.

Ils se seront trompés !

TOUS.

Oh !

LA DUCHESSE.

Pour une fois ! (A Toulonnier.) N'est-ce pas ?

TOULONNIER, avec ménagement.

En effet, il n'est pas mort !

SAINT-RÉAULT, se laissant tomber sur un siège.

Encore !

LA DUCHESSE.

Et on l'a même nommé quelque chose de plus, je le parierais !

TOULONNIER.

Commandeur de la Légion d'honneur.

SAINT-RÉAULT, bondissant sur ses pieds.

Toujours !

TOULONNIER, montrant son télégramme.

Ce sera demain à l'*Officiel*... Voyez !.. (Douloureusement, Saint-Réault.) Je prends bien part...

LA DUCHESSE, regardant Toulonnier, à part.

Il le savait en venant ici; il est très fort. (Haut.) Et moi aussi, j'ai une grande nouvelle à vous annoncer.

TOUT LE MONDE.

Ah !

On se tourne vers la duchesse.

LA DUCHESSE.

J'en ai même deux.

LUCY.

Comment ?

MADAME DE LOUDAN.

Deux ? Et lesquelles, Duchesse ?

BELLAC.

Lesquelles ?

LA DUCHESSE.

D'abord le mariage de notre amie miss Lucy Watson avec M. le professeur Bellac.

TOUT LE MONDE.

Avec Bellac ? Comment ?

BELLAC, bas.

Duchesse !

LA DUCHESSE.

Ah !... il faut réparer !

BELLAC.

Rép... Ah ! mais, avec bonheur ! Ah ! Lucy !

LUCY, étonnée.

Pardon, Madame...

LA DUCHESSE, bas.

Ah! il raut réparer, mon enfant!

LUCY, de même.

Il ne peut y avoir réparation.; il n'y a pas faute, Madame, et vous avez tort de dire : « Il faut ».

BELLAC.

Comment?

LUCY.

Mes sentiments étant d'accord avec ma volonté.

Elle tend la main à Bellac.

BELLAC.

Ah ! Lucy.

LA DUCHESSE.

Allons, tant mieux!.. Et d'un!

MADAME DE LOUDAN.

Ah ! Lucy! vous êtes heureuse entre toutes les femmes.

LA DUCHESSE.

Et seconde nouvelle!

MADAME DE LOUDAN.

Encore un mariage?

LA DUCHESSE.

Encore un, oui !

MADAME DE LOUDAN.

Mais, c'est la fête d'Hyménée !

LA DUCHESSE.

Le mariage de mon cher neveu, Roger de Céran..

MADAME DE CÉRAN.

Duchesse !

LA DUCHESSE.

Avec une fille que j'aime de tout mon cœur...

MADAME DE CÉRAN.

Ma tante !

LA DUCHESSE.

Ma légataire universelle !...

MADAME DE CÉRAN.

Votre...

LA DUCHESSE.

L'héritière de mes biens et de mon nom !.. ma fille adoptive enfin, mademoiselle Suzanne de Villiers de Réville.

SUZANNE, se jetant dans ses bras.

Ah ! ma mère !...

MADAME DE CÉRAN.

Mais, Duchesse !

LA DUCHESSE.

Trouves-en une plus riche et de meilleure famille, toi

MADAME DE CÉRAN.

Je ne dis pas. Cependant... (A Roger.) Songe, Roger...

ROGER.

Je l'aime, ma mère!

LA DUCHESSE, cherchant des yeux autour d'elle.

Et de deux ! Il me reste... (A Paul.) Ah ! venez donc un peu ici, vous... Comment allez-vous réparer, vous ?

PAUL, penaud.

Ah ! Duchesse, c'était vous ?

JEANNE, confuse.

Ah ! Madame, vous avez entendu ?...

LA DUCHESSE.

Oui, petite masque, oui, j'ai entendu.

PAUL.

Oh !

LA DUCHESSE.

Mais, comme vous n'avez pas dit trop de mal de moi, je vous pardonne. Vous serez préfet, allons !

PAUL.

Ah ! Duchesse.

Il lui baise la main.

JEANNE.

Ah ! Madame !... La reconnaissance, a dit Saint-Evremont....

PAUL, à Jeanne.

Oh ! maintenant ce n'est plus la peine !..

FIN.

1925-82 — Imp. D. Bardin et Cᵉ, à Saint-Germain.

* 9 7 8 2 0 1 1 8 8 0 5 5 0 *